知乎
有问题 就会有答案

新内容是如何创作、流行及影响时代的

张宁 著

© 中南博集天卷文化传媒有限公司。本书版权受法律保护。未经权利人许可，任何人不得以任何方式使用本书包括正文、插图、封面、版式等任何部分内容，违者将受到法律制裁。

图书在版编目（CIP）数据

创作者 / 张宁著 . -- 长沙：湖南文艺出版社，2021.4

ISBN 978-7-5726-0122-4

Ⅰ．①创⋯ Ⅱ．①张⋯ Ⅲ．①互联网络—传播媒介—经营管理—中国 Ⅳ．①G206.2

中国版本图书馆 CIP 数据核字（2021）第 057476 号

上架建议：畅销·经管

CHUANGZUOZHE
创作者

作　　者：	张　宁
出 版 人：	曾赛丰
责任编辑：	匡杨乐
监　　制：	毛闽峰
特约监制：	张　娴
策划编辑：	张　璐　周子琦
特约策划：	刘　璇
文案编辑：	周子琦
营销编辑：	刘　珣　焦亚楠
特约营销：	李默晗
装帧设计：	周宴冰
出　　版：	湖南文艺出版社
	（长沙市雨花区东二环一段 508 号　邮编：410014）
网　　址：	www.hnwy.net
印　　刷：	三河市兴博印务有限公司
经　　销：	新华书店
开　　本：	889mm×1194mm　1/16
字　　数：	159 千字
印　　张：	14
版　　次：	2021 年 4 月第 1 版
印　　次：	2021 年 4 月第 1 次印刷
书　　号：	ISBN 978-7-5726-0122-4
定　　价：	68.00 元

若有质量问题，请致电质量监督电话：010-59096394
团购电话：010-59320018

推荐序

今日资本
徐新

每次有问题，我都会到知乎上找答案，总能找到那个全面又深刻的答案。

我很好奇，是谁，有这么多的时间、这么多的热情，去做这样深刻的分析和解答？

是内容创作者！

知乎十年，赋能无数创作者，从问到答，从分享到创作，从知识获取到品牌的内容营销——内容创作不再是少数"业内人"的工作，而是多数"普通人"的生活。

张宁，就是这样一位优秀的内容创作者，同时也是内容平台的战略规划者。这使得他所写就的《创作者》一书，既有对内容创作底层规律的深刻思考，也有给内容创作者的方法论的指导。

正如张宁所言：内容正在成为这个世界上最强大而隐秘

创作者

的力量，可以无声无息地逆转一个人的命运，也启发了无数聪明的头脑和善良的灵魂。

相信本书一定能给您带来启发，开启内容新世界的大门。

关于创作的解答

知乎创始人
周源

2010 年晚夏，在北京东长安街的一家星巴克里，我第一次见到张宁。那个时候，我们都比现在年轻十岁，忙活着各自的创业项目，知乎也还没有正式上线。我们因为同样喜欢社交媒体和快速兴起的移动互联网而结识。

2010 年的北京就是这样一个神奇的地方，每个人都觉得自己看到了未来的模样，每个人都感到脚下的土地中涌动着崭新的生机。

之后不久，"知乎"就上线了。刚开始，我们采用了封闭邀请的模式——你需要一个邀请码才能登录进来。很多早期用户是创业和投资圈的专业人士，张宁也是参与早期内测的用户之一。他们在互联网和科技领域问题下的讨论呈现出意想不到的高质量。包括我在内，知乎的几位合伙人都有专业的媒体经验，当看到这些从未经过专门内容训练的用户创

创作者

作的时候，我们意识到，内容行业正在发生巨大的变化：看上去普普通通的用户，可以在知乎上分享他们的知识、经验、见解，从而让更多的人可以找到自己的解答。

正如张宁在书中写到的，内容创作已经不再是一种职业了，它变成了一种身份或者能力属性，每个人都能参与进来，构成一张网络，创造更大的价值。

初次见面的交流并不多，但我注意到了张宁在知乎上持续输出的创作。和很多创作者一样，为了保持输出的频度和质量，他更有质量地阅读、思考和社交，逐步建立了自己的一套从输入到输出的学习框架，以及对平台模式、内容行业和商业创新的认知模型。

2017年年底，我们又一次见面，畅谈知乎的发展、内容创作的变化，随后不久，我邀请他加入知乎团队，成为公司战略的负责人。

从个人分享到持续创作，最后改变人生的轨迹。张宁身上发生的故事也在很多创作者身上发生着。知乎十年，只是提供了一个舞台，让诸多创作者有分享交流的地方。真正的主角是创作者们——每一篇创作，都开启了一个通往新领域的大门，让人们结识一些现实中难以谋面的朋友。好的创作，积累了社交资本，帮助人们在陌生的环境中快速建立信任。有了信任，就能打造内容品牌，并建立商业模式。这些观点，都在本书中有深入讨论，也都是我们在知乎经常讨论的话题。

毫无疑问，内容及其背后的创作者正在扮演越来越重要的社会角色，近年来也不断有这个主题下的新书面世，但很多书的定位反倒体现了对内容创作的误解：一类误解是把内容当作一种攫取流量的手段，其产物是以提高点击率、曝光率为目标的技巧归纳；另一类是把创作局限为少数人的天赋或才华，这往往把创作的成功归因于所谓颜值和人设。

我们在知乎以及其他平台看到的情况并非如此，但苦于没有一套系统的梳理，能够讲清楚创作者从入门到进阶，再到持续成功的成长之路。这本书是一次有价值的尝试，它借用了很多战略管理的思维框架，比如个人垄断、社交资本、内容品牌和媒介升级，在宏观层面上阐释创作者在每一个阶段应该采取的策略；同时，又用了梗、混剪、订阅这些内容行业内的概念，在微观层面上来剖析内容创作的成功之道。这些思考，不仅对创作者应有裨益，也启发了我重新看待知乎未来的发展规划。

书的最后，落在了"涌现"这个词上。我个人很喜欢这个概念，它是知乎和整个互联网的设计逻辑。

涌现，既是个体的力量，也是群体的智慧。

多年以来，知乎不断生长，我们难以给它下一个具体的定义或边界。在 2012 年，我们决定把它开放给整个社会的时候，就是意识到更多创作者涌现的前景，我们可以帮助更多人找到自己的解答。知乎每天都在诞生未曾预想但又独具一格的创作者，在深夜刷到这些知友的创作，让人困

创作者

意全无，充满干劲和期待！

　　我们需要进一步思考和努力的，是更好地设计和运营平台，一方面满足更多人分享的需求，发掘更多优秀的创作者，另一方面也能让他们创作的内容帮助其他人找到自己的解答。在更大的规模上，做好个性化的匹配和连接，我们还要应对很多挑战，解决很多问题。

　　有问题，就会有答案。我也希望，这本书能够帮助你找到关于内容创作的解答。

前言

本书是一次关于创作者的讨论，与以流量、用户、增长为主视角的著作不同，我将以创作者和平台战略规划者的双重身份来完成这次讨论。多年以来，这两个身份帮助我更深刻地理解内容的底层规律，也接触到很多拥有成功经验的创作者朋友，思考和交流时衍生了一些想法，经过反复推敲、讨论和实践检验，汇集成本书的八个核心章节，其中有些读起来陌生，有些则耳熟能详，连起来则刚好走完创作的全部旅程。

我们从起点开始，以第一章的"个人垄断"和第二章的"社交资本"两个关键词为线索：创作首先应该是真实的，它应该是创作者所有个人历史的集合，我们把这个集合称为"个人垄断"，它应该是创作者始终坚持的定位，并且借助内容平台，实现"社交资本"的初始积累。

创作者

接着深入一层，分析内容创作的原理和基本方法：第三章是对内容创作过程的解构，我们将用"混剪"这个概念来重新阐释创作的原理。创作是需要互相激发的，创作者和创作者会互相影响，以"混剪"的形式打开创作的新天地；而创作者和消费者之间则会产生让内容加速流动的"梗"，这是内容传播的奥义，也是第四章的核心内容。

第五章《内容品牌》则面向更加进阶的创作者，试图回答创作者如何保持常青的问题。这问题很大，但并非无法解答。我仍然相信，这一代创作者，特别是在中国，有机会跑出迪士尼这样的超级品牌。虽然看上去有点宏大，但已经有很多创作者走在路上。

第六章《订阅》在"内容品牌"基础上讨论商业模式。这是我浸淫多年的领域，心得颇多。互联网的流量变现模式走了二十年，红利已然见顶。机会转向内容变现，或者说面向长期信任关系的变现。这是一种更健康的商业模式，也有很多成功案例供我们分析。

第七章《媒介升级》和第八章《涌现》则回到宏观视角，试图总结内容创作的演变规律，在其中发现机会。特别是在当下的十年中，我们刚刚经历了短视频的突飞猛进，很可能还会迎接几波大的媒介迭代。创作者应该如何做好准备，如何综合运用我们在前面六章中提到的方法和规律，保持创作的活力，不断迭代，不断进化。

全书最后的落脚点，是"自己的解答"。这个概念最早源于知乎的创始人周源先生。创作者之所以成为这个时代最值得关注的群体，正是因为他们以各自的方式为每个消费者提供真实而独特的解答。内容，从二十世纪的工业化流水线，到这个世纪初的点击机器，终于又回归了人和人之间的信任和交流。

这真是令人兴奋的开始。

目录

个人垄断：
创作从何开始

所有的创作，都是从"你"开始的。
创作，就是用你擅长的方式，表达你想要表达的内容。

欢迎来到"你"的世界 005

如何创造个人垄断 012

社交资本：
如何获得创作的"天使轮"

这是创作者和粉丝之间的关系沉淀，
它是资源分配中那只"看不见的手"，是内容平台运作的核心机制。

什么是社交资本 028

选择平台：以社交资本为核心 035

混剪：
创作进阶的利器

神评论、鬼畜、恶搞、混剪、翻唱、同人创作……
你看到的，都是混剪。

你看到的，都是混剪 051

混剪的价值："意外"的信息增量 053

混剪与原创：站在前人的肩膀上 058

记录灵感：一次混剪的创作之旅 062

创作者

 **梗：
前方高能**

"谢邀，人在太空，刚下飞船。"
梗，就是内容的高能复制因子。

内容的高能复制因子 *074*

梗从何而来 *081*

 **内容品牌：
可持续的创作进化**

与消费者建立长期信任和记忆的秘密：
为故事而来，为角色而留。

内容品牌的沉淀 *096*

故事塑造角色，角色塑造品牌 *106*

与平台共舞：信息流中做品牌 *109*

"小宇宙"矩阵：1+1 > 2 *113*

 **订阅：
基于信任的长期商业模式**

订阅，就是在"恰饭"的同时，
不伤害你与受众的信任关系。

创作者：商业的新界面 *121*

内容商业化的基础：信任关系数字化 *123*

以订阅为中心的商业模式 *126*

订阅模式的选择：时间或金钱 *131*

目录

07 媒介升级：
如何应对变革与危机

新事物在刚刚出现的时候，会享有舞台上全部的荣光，
而它真正的危机往往出现在"次世代"，也就是诞生之后的下一个周期。

变革：媒介的冷与热 *143*

万变中的不变："你" *152*

危机和挑战：开放的时刻 *156*

08 涌现：
崭新的世界，闪耀的群星

创作，由"你"开始；浪潮，则由"我们"共创——
创作者，就是我们找到的解答。

涌现之源：群体 *167*

彼此照亮的繁星：创作者的网络效应 *172*

自己的解答：创作者真正的价值 *175*

后记　涌现面前，保持敬畏 *181*

附录　内容行业百年涌现简史 *193*

01

个人垄断：
创作从何开始

所有的创作，
都是从"你"开始的。
创作，就是用你擅长的方式，
表达你想要表达的内容。

1994年，微软公司发布了一支电视广告[1]，画面中闪过世界各地不同的人从事不同活动的面孔，音乐家、科学家、金融家、教育家和睁着大眼睛的孩子们。这些画面中穿插着 Windows "开始"按钮、Excel 表格和 Word 文字处理等软件界面，表现微软产品是如何支持人们创造各种各样的可能性的。最终，一个问题式的广告语出现在屏幕中央：

Where do you want to go today？（今天，你想要去向哪里？）

这个问题是开放式的。它展现了人类利用智慧不断打开更多可能性的勇气和雄心。然而无穷的组合也设下了问题：

强大、灵活和无所不能，创作到底从何处开始？

二十四年后的 2018 年，苹果公司为纪念 iMac 二十周年，打造了另一支广受赞誉的广告——Mac 后面的你：一组创作者组成的画面，不同

---

[1] "Where do you want to go today？"今天，你想要去向哪里？是微软公司于 1994 年 11 月发布的品牌广告，通过电视、户外、报纸等多种媒介发布，总共花费 1 亿美元。可以在 https://www.youtube.com/watch?v=Zwf0EZ50KUY 观看电视广告的视频。

创作者

的面孔凝视着 Mac 屏幕，思考着，创作着。

  这两支广告，跨越二十几年的时光，隔空问答，不约而同地把焦点放在了"你"身上。这并不是巧合。2006 年，《时代周刊》把年度人物的称号颁给了"你"。在当年 12 月刊的杂志封面上，一台 iMac 屏幕中央的 YouTube（优兔）视频界面上，只有一个单词——"You"：[1]

《时代周刊》2006 年 12 月刊封面

  Yes, you.（是的，你。）

  You control the Information Age.（你控制着信息时代。）

---

[1] By Source，Fair use，https://en.wikipedia.org/w/index.php?curid=19628405.

Welcome to your world.（欢迎来到你的世界。）

评选结果是在博客、YouTube 等众 UGC（用户产生内容）平台集体兴起的背景之下诞生的，但遭到了主流媒体的广泛争议[1]，很多评论者认为《时代周刊》缺乏独创，人云亦云。

当时平台上的创作者还不具备今天这样的影响力，参与创作的也是很小的一部分人。而在十几年后的今天，每天都有上亿人参与内容创作，这些创作者的影响力甚至已经比肩《时代周刊》。回看这些历史，或许能让我们回答 1994 年微软提出的"创作从何开始"的问题。

欢迎来到"你"的世界

Netflix[2] 的创始人和首席执行官 Reed Hastings（里德·黑斯廷斯）曾经在一次访谈[3]中这样讲道：

---

[1] 最具代表性的是《大西洋月刊》（*The Atlantic*）的一篇题为《每个人都应该忽视时代周刊的年度人物》（"Everyone Should Ignore Time's Person of the Year"）的文章，认为年度人物评选是一种杂志的自我营销。https://www.theatlantic.com/national/archive/2012/12/everyone-should-ignore-times-person-of-the-year/266462/.

[2] Nasdaq NFLX，奈飞，一家流媒体播放平台。

[3] Reed Hastings 在 2020 年 9 月接受 Ben Horowitz（本·霍罗威茨）的访谈，录音和访谈记录可以在 https://a16z.com/2020/09/15/a16z-podcast-designing-a-culture-of-reinvention/ 获取。

创作者

  I have always thought you want to go after the smallest market possible that can hold your 5 to 10 year growth ambitions.（我一直认为，你要追求最小的市场，可以承载你五到十年的发展雄心。）

  这句话是反常识的。"最小的市场"听上去和我们讲到的创作者一点都不搭界，也很难和后半句讲到的"五到十年的发展雄心"对应起来。从市场选择的理论来看，选择较大的潜在市场空间，天花板更高，才有机会不断成长。从投资的角度来看，大市场几乎是最重要的因素。

  内容创作则与之不同，因为内容本身就难以定义和预测——我们将在本书中反复讲到这个观点。这既是内容创作吸引无数人的魅力所在，也是使人产生迷思的原因。在一个多世纪的大众传媒行业历史中，内容成为一个产业的时间并不长，其中有无数的内容制作者（Content Producers，和我们说的"创作者"略有不同）涌现出来，又很快消失得无影无踪。其根本原因就是消费者对内容的判断非常主观，你很难判断下一个内容是否能够再次吸引受众。一个内容的成功，会催生出大量的跟风仿制者，但其做法并不奏效，只会让消费者对此感到厌烦，人们会寻找下一个能让他们感兴趣的东西。

  这就是市场的悖论：当你能预测一个市场的规模时，这个市场很可能已经消失了。你看到的机会，已经不再是机会；你看到的市场，其实是激烈的竞争。

  内容的创作没有边界，不断涌现的新鲜感正是其令人着迷的地方，就像一片永远在等待开垦的肥沃土地，播种和耕耘之后，会生长出难以预料的果实。我们看到的各种各样新奇的内容形态和每天都在生长的更让人意想不到的新内容：科幻小说、音乐电影、美食纪录片、荒野真人秀、虚拟偶像、对话体小说……这些内容形态在刚刚出现的时候，往往不被主流接受，但它们还是被创作出来，顽强地找到了自己的受众，在小圈子里面获得认可，并且催生出更多的创作，逐渐变成一个新的内容类型。当我们发现这些"类型"成为"类型"的时候，它们往往已经完成了原始积累和试错，开始流行，竞争加剧，进入的门槛变得很高，不再适合新的创作者。

十年前，Casey Neistat（凯西·奈斯泰德）在 YouTube 上发布了第一条视频，他在其中讲解了正确使用地铁的应急刹车装置的知识，他在镜头中自言自语，也会把摄像机对准毫无防备的路人提出问题。这种极度真实的记录可以说是世界上第一个 Vlog（微录），与当时 YouTube 上大量以搞笑为主的内容形成了鲜明的对比，这种独特的风格吸引了大量的人观看。之后，他每隔几天在 YouTube 上更新一个视频，主要内容是他生活中的方方面面，大事小情：孩子、家庭、公路旅行、新相机等。他的拍摄和剪辑并不花哨，更多的是真实表达自己的生活方式和观点态度。多年以来，有一千多万粉丝通过视频围观了他的生活和成长，也间接体验了他的快乐、焦虑和对世界的奇妙探索。Casey Neistat 持续不断的公开分享形成了独特的内容风格，受到耐克、特斯拉等全球品牌的争相赞助，而这一切的起源就是十年前那条画质并不清楚、个人风格强烈的视频。

就在你读完这段文字的时间里，已经有数不清的 Vlog 被创作出来，和粉丝进行着亲密的互动。Vlog 之所以流行，并不是因为它的模板或套路，而是因为它就取材于每个人的生活，让每个人都有了自我表达的角度。从 Blog（博客）到 Vlog，所有创作者产生的内容，都源于这种就地所有创作者产生的内容,都源于这种就地取材,源自"你"的自我表达——它们从来不会重复,因为每一个"你"都如此不同。

取材，源自"你"的自我表达——它们从来不会重复，因为每一个"你"都如此不同。

创作就是从"你"开始的，"你"就是你的创作：用你擅长的方式，表达你想要表达的内容。尽管有很多人已经在这个方向上创作，尽管你创作的内容可能无人问津，但至少可以体会到创作的乐趣，在和自己的对话中体会到字斟句酌、浮光掠影的精彩。没有哪个"人设"比自我更加独特，也不会有人比自己更懂得自己的长处和短处。创作起步最好的方向就是自我表达，为自己创作。

最初的创作会带有一定的随意性，来自你在日常生活中的灵感捕捉。这种天然不造作的创作是宝贵的，同时也是尚未成熟的。创作者可能会在不同的取材、手法和风格上不断尝试，逐渐发现最舒适顺畅的创作流程和表达方式。

创作流程就是把创作变成一种生活方式，让灵感、收集、组织、反馈和编辑等流程自然地适配到你繁忙的日程中去。成熟的创作者往往会用笔记软件随手记录自己的想法和观察，并在固定的时间进行整理，然后找到整块的、不被打扰的时间进行集中创作，并与朋友讨论修改。每个人的生活方式各不相同，因而产生了无数种不同的创作流程。它最终会变成一种习惯，并对产出的内容本身产生微妙而深远的影响。

表达方式则是你熟悉和善用的创作风格。在创作开始的阶段，这种表达方式可能仅仅是说话的口气或不易察觉的表情。你无须经过专业训练，就具有某种天赋和魅力。这种与生俱来的个人特征明确地把你和其他人区分开来，为你的创作留下微妙而难以磨灭的个人印记。

创作流程和表达方式，一部分来自你的生活方式，一部分来自你的

创作者

个人习惯，两者的叉乘能产生无数种不同的组合。我们需要意识到，每个人的开放分享不仅仅是内容创作涌现的原因，更是整个社会前进和繁荣的动力。你的一个想法、一条笔记、一段记录，都可能在某些方面给其他人帮助、启发或安慰，都是一种独特的、难以被取代的价值。

当你开始以自我表达的方式在内容平台上分享内容，就已经把自己置于公共空间之中，成为一个创作者。这些分享带有你的情感、偏好和习惯。这种创作是独一无二的，因为你就是独一无二的。而所谓才华、手法和技巧，在"你"面前都显得过于渺小，根本不能成为创作的障碍。

GitHub[1] 是世界上最大的开源软件社区，也是众多创作者用代码进行协作开发的地方。其中一位只有 17 岁的开发者 Antoni Kepinski[2] 吸引了我们的注意，他开发的管理比萨订单的开源系统在 GitHub 上获得数百人的关注，而他负责维护的开源项目获得了数千人的关注。

如果你去看 Antoni 的个人主页，会看到一张带有青涩微笑、有点发胖的少年脸庞。他来自波兰，还在读高中时，就已经开发了数个开源项目。他喜欢旅行、骑行和听音乐。

这样一个看起来有点普通的男生，在被问到怎么开始学习编程的时候，是这样回答的：

> 其实，我一开始是用 C# 编程的，但这并不是我的专长，我偶然发现了 GitHub 上一个叫 Sindre Sorhus 的用户的资料。当我第一次

---

[1] 开源和私有软件的托管平台。
[2] Antoni Kepinski 的案例最初出现在 Nadia Eghbal 出版于 2020 年的著作 Working in Public 上，Antoni Kepinski 的 GitHub 页面是 https://github.com/xxczaki。

01 个人垄断：创作从何开始

看到 JavaScript 代码的时候，我就知道这是我未来想要学习的东西。编程之旅就这样开始了。

他在 2016 年 10 月注册了 GitHub，之后的一个月，他在另一个开发者的项目下面添加了评论，这个项目是游戏《我的世界》的辅助工具，我们可以猜到，他应该是在玩游戏的时候碰到了困难，就通过这种方式来寻求帮助。到了 2017 年 1 月，他开始建立自己的开源项目，并提交了大量代码。到了 2019 年 1 月，他开始开发比萨订单系统，并获得了其他开发者的关注。到 2019 年年底，他成为 node-fetch 项目的管理员，GitHub 的数据显示，有超过 235 万个开源项目依赖于他的工作。

为什么要花费这么多篇幅来讲述一个波兰高中生的故事？我们在谈论创作者的时候，往往只看到他们最后成名的状态，而忽视了他们是因何开始创作的。我们想用这样一个名不见经传的小男生的故事来讲述创作的偶然性：一个波兰高中生，因为喜欢玩游戏，开始参与 GitHub 的社区活动。他或许天生就比一般人更喜欢交流，喜欢通过代码的形式表达自己。而后，又偶然在平台上受到了其他创作者的启发，于是开始了他的编程之旅。在发现自己"未来要学习的东西"的瞬间，他一定受到了某种巨大内心力量的激发——没有复杂的市场洞察和需求分析，只是一次偶遇，就一发不可收。第一个获得成功的项目，竟然是一个比萨订单管理系统。生活给了他什么样的灵感，让他选择这样的创作方向？我们无从得知。

你和创作之间缺的正是这样一次偶然的启发，无论本书如何阐释，都无法替代这种偶然。偶然是一种自发，不是市场驱动的，而是自我驱动的。自发创造了多样和冗余，通过一次又一次的碰撞和筛选，最终让每个人都能找到自己所热爱的创作。

当你适应了这种把公众分享和自我表达结合起来的创作之后，你就建立了一种自我和公众的全新的关系——不是刻意的"人设"，而是你本人的自然延伸。它来自真实的你，并且以你独有的自我表达分享给公众。它隔离了若干无关紧要的隐私，而把公众真正感兴趣的部分展现出来。它将从公众那里吸收正面和负面的反馈能量，随着创作的持续而不断成长，最终成为我们在本书后半部分讲到的内容品牌。

分享，本质上创造了创作与受众之间相遇的偶然性。当你把自己工作的过程展示在公众面前的时候，就需要接受公众的赞扬和批评。我们会在本书中详细解释这些反馈过程对于创作流程的意义。但毫无疑问的是，你会在这个过程中发现你真正的创作价值，发现还会有人看这样的一些内容分享，发现你微小的优点和缺点会变成其他人喜爱、模仿和嘲笑的素材，发现一个人的自我表达能引起更多人的共鸣。

你会发现，"你"，就是创作者。

如何创造个人垄断

David Perell 是一位居住在纽约的创作者，他的个人网站上展示了他的各种创作，包括文章、邮件通信、视频、播客和在线写作课程。他在 Twitter（推特）上拥有 13 万粉丝，邮件通信的订阅者超过了 3.5 万。

他被广为浏览的一篇文章题为《在线写作终极指南》（"The Ultimate

Guide to Writing Online")[1]。他在这篇文章的最后部分这样写道：

> 你要成为某项技能或某一主题的最好的思考者。个人垄断是你的知识、个性和技能的独特交集，别人无法与之竞争。个人垄断不是找出来的，而是创造出来的。

让我们重温一下 Reed Hastings 的话：我一直认为，你要追求最小的市场，可以承载你五到十年的发展雄心。

所谓"最小的市场"，就是一个人可以实现"垄断"的地方。内容创作没有固定的上限。不同的人，来自不同的背景，带有不同的兴趣。可以说，每个人都是一个利基市场（niche market），都是你可以通过创作接触到的受众。一旦你找到了你的利基，就要把它牢牢地占领，探索每一个角落和缝隙，把你发现的最好的东西创作出来，这就是你的个人垄断。

David Perell 以一个创作者的角度重新阐释了 Reed Hastings 的话，能让我们更好地理解：

> 选择一个小的，但不断增长的市场，并了解关于它的一切。在其他定居者到来之前，建立专业知识。然后分享你学到的一切。如果你能在流行浪潮到来之前创造出一套作品，当其他人正在寻找权威作品时，你就能很好地利用它。

---

[1] https://www.perell.com/blog/the-ultimate-guide-to-writing-online.

创作者

我们在上一节中讲到，现存的市场需求并不重要，因为市场意味着激烈的、同质化的竞争。而在这里，我们又重新提出了"垄断"的概念。竞争和垄断是一组相对的概念，它们的价值却完全不对等。竞争，意味着你需要不断追逐最新的潮流，无法按照自己的想法创作，也不会拥有真正忠实的粉丝。你可能因为在一个较大的"市场"中竞争而获得更多的流量，却难以长久保持这种优势。

而垄断，则意味着你在某个领域无可替代的价值。尽管一个人的垄断规模可能有限，但它仍然具有更高的价值：你和粉丝的关系，内容的持续性和沉淀价值，商业模式的选择，都会更有主动性和独特性。正如风险投资家 Peter Thiel（彼得·蒂尔）曾经讲过的"逃离竞争"的概念[1]，每一个创作者都应该避免竞争的内卷，创造自己的个人垄断。

面对创作者的"个人垄断"，平台的心态是复杂的。过于头部和强势的创作者势必会影响平台的生态结构和商业收益，但没有这些独具一格的创作者，也会让平台缺乏有竞争力的内容。从战略的角度来看，平台总是希望激励创作者加入竞争，但如果这种竞争是同质化的，那么创作者仍然应该选择规避。本书会在不同章节比较不同平台的生态策略，帮助你在创作的不同阶段做出判断和选择。

"个人垄断"的提法不难理解，我们接下来会剖析如何创造这种不可替代的稀缺价值。

---

[1] 彼得·蒂尔、布莱克·马斯特斯：《从 0 到 1》，高玉芳译，中信出版社，2015。

起点：创造真实

设想，有朋友到你家里做客。酒过三巡，谈兴正浓，你会和你的朋友说些什么？你会以一种什么样的身份和状态来表达？你是不是会刻意做出某些动作或刻意强调某些句式？你会选择分享什么内容，又会把什么样的话题留给自己？

不用仔细想，你一定有了很好的答案。和朋友分享，是你的本色出演，不需要刻意设计。

创作也是如此，完全无须任何包装和设计，也不需要修饰和表演。它是真实的、开放的，更是独特的。内容赛道竞争激烈，每一种类型的内容都有很多人在尝试创作。只有真实，才能独具一格，避开竞争，形成个人垄断。

创作型歌手以自己的经历和感受为基础创作、编曲和演唱，甚至自导自演音乐录影带、设计唱片封面。从周杰伦到 Taylor Swift（泰勒·斯威夫特），他们吸引了大量的乐迷。和一般的流行歌手不同，他们在音乐中的表达是真实的，源自他们生活中的见闻和感受。这种真实感突破了音乐原有的固定类型，创造出截然不同的音乐风格。

在一部名为 Miss Americana（《美国甜心小姐》）的个人纪录片[1]中，Taylor Swift 展现了她如何从人生低潮中走出来，回到公众视线，表达自己的观点，哪怕这些观点一次次成为充满争议的媒体头条。她运用个人影响力，鼓励年轻人参与参议员选举投票，但并没有改变最终结果。她有些

---

[1] Netflix 于 2020 年 1 月 31 日发布的关于歌手 Taylor Swift 的个人纪录片，可以在 https://www.netflix.com/title/81028336 获取。

创作者

疲惫地靠在机舱的窗户上，沮丧地用最直接的语气表达着失望和愤怒。镜头一转，她回到了录音室，又重新鼓起勇气："两年后的下一次选举，我们有三四百万人年满十八岁，不要失去勇气。"

以此为基础，她创作了"Only the Young"（《只有年轻一代》），歌词写道：

> 听到消息的那一刻，你的表情让我无法入睡。你的内心在尖叫，凝固在时间里。你做了你能做的一切，比赛被操纵了，裁判被骗了。错的人认为他们是对的，这一次你寡不敌众。但只有年轻人，只有年轻人，只有年轻人，只有年轻人能够奔跑。能够奔跑，就去奔跑，奔跑，奔跑。

这支单曲只有 2 分 37 秒，除了主歌中表达的个人心情，副歌几乎全部在反复吟唱 run（奔跑）。成千上万的歌迷从中感受到了振奋人心的力量，仿佛自己也和所有人一起奔跑。这支单曲在 YouTube、Spotify 等各大内容平台上获得了数以千万计的观看和播放，并成为她个人第 19 首空降排行榜榜首的作品。

Taylor Swift 证明自己不是流行音乐工业流水线上包装出来的"商品"，她是因为自己的出色表达而获得公众影响力的创作者。她拒绝了一般意义上的年轻歌手的偶像人设，在聚光灯下毫无顾忌地表达自己的观点，展示自己内心的强大力量，也毫不避讳自己的脆弱之处。这让她显得无比真实，无比贴近粉丝。只有她，才是 Taylor Swift。

Taylor Swift 是为自己创作，也是为粉丝创作。正如知乎创作者"丧心病狂刘老湿"所说：创作者在创作出内容后，内容就不属于自己了，它需要实现读者的一些梦想。具有真实感的创作一方面是独一无二的，另一方面也为消费者创造了可以代入自我的真实感。

消费者在内容中寻找自我投射，就好像在玩一个角色扮演游戏，体验内容就是以更近的距离和更深的沉浸进入创作者创造的世界，他们希望体验到一种丰富细腻、唾手可得的真实，以暂时逃离千篇一律、枯燥乏味的生活。创造真实，不仅仅会打造你的"个人垄断"，更为消费者带来一个不同的世界。

在这个世界中，有更理想的生活，有更好的自己，这些都是亘古不变又与日俱增的人性需求。科技行业评论家 Eugene Wei 曾经写道：人们都是寻求社交地位的猴子（People are status-seeking monkeys）[1]。即人们总是希望在社会中获得更多的认可。从学生时代追求的成绩单和运动鞋，到工作之后追求的升职加薪和车子房子，人们总是能找到各种方式来证明自己的社会地位，证明自己越来越强大，这为日益增长的消费主义提供了源源不断的动力。在这场无尽的游戏中，文化娱乐越来越多地成为人们追求的新标杆。人们在丰富多彩的文娱内容中找到为自己代言的形象，找到生活的灵感和动力，找到同好并形成文化圈层和"部落"，甚至会产生"养成"的心态，持续关注和支持创作者的成长。

专事研究创作者经济的美国咨询公司 Zebra IQ 的创始人 Tiffany Zhong 在一次访谈[2]中提出了"可关联的和令人向往的"（relatable and

---

[1] Eugene Wei, https://www.eugenewei.com/blog/2019/2/19/status-as-a-service
[2] Tiffany Zhong 于 2020 年 10 月接受陈梅陵的访谈，录音和访谈记录可以在 https://a16z.com/2020/10/19/decoding-gen-z/ 找到。

aspirational）的原则。这和我们讲到的"创造真实"不谋而合。人们需要能够感觉到，自己和创作者之间具有千丝万缕的个人关联，同时，创作者描绘一种真实而更加理想的生活，人们就会想要把自己"代入"到创作者创造的真实感中。

与其说人们是在发现内容，不如说他们是在找自己；与其说人们是在关注你，不如说他们是在欣赏自己。

真正拿手的事情，真正喜欢的爱好，真实发生的故事。动辄千万粉丝的创作者在最初的时候，都是从创造真实开始的，然后成功地邀请粉丝一起体验这种独一无二的真实。

真实，是内容创作的基本原则，也是创造个人垄断的核心策略。

滚雪球：创造内容的时间复利

你玩过滚雪球吗？积满白雪的斜坡，从一个很小的雪球开始，一圈一圈地滚动，一层一层雪地积累，雪球逐渐变大，积累动能，依靠重力就可以继续滚动，再次积累更多的雪而变得无可阻挡。

这就是滚雪球的效应，从一个优势的起点开始，不断积累，直到无人能追。

如果说"创造真实"是个人垄断的起点，那么"滚雪球"就是后面不断地积累。如果你已经开始创作，就会发现创作的难题其实不在第一条或第二条内容上，而在于"下一条"。没有灵感，没有素材，没有选题，没有时间，但拖延和放弃的借口有一大堆。慢慢地，最初的热情就逐渐消退了。

这种无形的压力是每一个创作者都会面对的。创作需要创作者不断地向外掏，观察、记录、创意和输出，日复一日地坚持，还要避免内容重复，想法枯竭。或许你在最初开始的时候，并没有想到过创作之路会如此漫长，但我们必须把真相告诉你，让你在一开始就做好充分的准备。

这也是为什么选择可持续的创作方向极为重要。在确定创作方向的时候，就需要考虑到产出的可持续性。一个不恰当的创作方向，会指向一类无法持续的内容，创作者很快就会面临"江郎才尽"的窘境。即便某个内容成了爆款，如果只是昙花一现，也只能是转瞬即逝的流量，对于创作者自身的积累，对于平台的长期价值，都非常有限。

什么样的创作方向更具有持续性呢？

相对而言，从自己的兴趣、专业领域出发，手头一定有很多可以利用的素材和沉淀。在知乎，我们相信：每个人都是某个领域的专家。你的爱好和特长就是内容创作的宝藏，应该最先挖掘。

英国的视频博主 Ali Abdaal [1] 就是这样一个例子。四年前开始创作时，他只是一名剑桥大学医学院的学生。他在视频中分享自己考试前的复习方法、技巧和心得。这个视频收到了几千条好评，并且后续的每条创作上升到稳定的几万次播放。后来他把备考课程转成创业公司，在毕业之前就赚到了人生的第一桶金。

从剑桥毕业后，他成为一名全职医生，利用业余时间持续发表创作，内容围绕读书、学习和自己的兴趣爱好。他的视频开始形成几个系列：记录生活的"Vlog"系列，分享读书笔记的"Book Club"系列，分享科技

---

[1] Ali Abdaal 的 YouTube 频道是：https://www.youtube.com/c/aliabdaal，他在视频中多次讲到自己的创作成长之路。

创作者在创作出内容后，内容就不属于自己了，它需要实现读者的一些梦想。

数码产品的"Tools & Tech"系列等。每一个系列都是他生活的一部分，也随着成长不断产生新的内容。今天，Ali Abdaal已经发布了数百条视频，拥有上百万的粉丝，他仍然保持着旺盛的创作能力，定期分享平凡而充满向上感的充实生活。

无论是备考技巧，还是生活分享，Ali Abdaal创作的内容方向并没有太令人惊奇的地方。但他在创造真实之余，能够保持更新的频率和质量。这种一贯的品质为粉丝带来了稳定的预期，这是一道逐渐积累的护城河，进一步让后来的创作者难以模仿和复制，让个人垄断更加持久和难以逾越。

巴菲特用"很湿的雪，很长的坡"来描述一个好的投资方向。实际上，这正是我们所说的滚雪球。很湿的雪，让雪球可以不断滚大，就像真实的创作不断吸引粉丝；很长的坡，让雪球滚更长的时间，就像可持续的创作，能够在长期创作中加固个人垄断的护城河。满足了这两个条件的方向，就能够享受时间累积的复利。

每一个内容平台都会设计点赞、收藏、关注等功能。它们是互联网进入社交时代以来最重要的设计，激活了众多沉默的消费者，让他们以最低成本的方式和创作者互动，提供反馈。更重要的是，它沉淀了双方的关系，这是一种社交资本的积累，让内容创作能够产生复利——这正是巴菲特最为笃信的投资信条。

为自己创作更容易获得这种长期积累的红利。选择自己擅长且喜爱的方向，沿此不断学习和自我提升，把创作变成工作、学习和生活的一部分，这就是一条持续输出的内容流，并产生溢出效应，粉丝群体如滚雪球一般越滚越大，得以完成社交资本的积累。

每个人都是某个领域的专家。你的爱好和特长就是内容创作的宝藏，应该最先挖掘。

创作是持续的、公开的成长，它会帮助你建立起"个人垄断"，而不是在激烈的竞争中内卷。从自我表达开始，内容创作具有十足的个人印记。每一句话，每一帧画面，每一个表情，都和已有的创作截然不同，又因为内在的真实感而可以深入人心。

如果你刚刚开始创作，那么一切都从"你"开始，创造"你"的真实，选择"你"的湿雪长坡，开始持续累积社交资本的里程。

02

社交资本:
如何获得创作的"天使轮"

这是创作者和粉丝之间的关系沉淀,
它是资源分配中那只"看不见的手",
是内容平台运作的核心机制。

02 社交资本：如何获得创作的"天使轮"

如果说"个人垄断"是创作的开端，那么接下来就是如何获得启动资源。

这个问题非常现实，也非常残酷。我的很多创作者朋友都是在发了几条内容之后，因为无人问津，最后草草收场。在上一章，我们努力解释了创作如何贴合每个人的自身特点从而找到长期可持续的方向。在这一章，我们需要再一次提出问题：为什么你的创作能够得到启动的资源？

这就像是创业的第一轮融资：天使轮。

"天使轮"是一个充满理想主义气息的名字，往往被描述成五分钟谈判、一拍即合、相见恨晚的经典桥段。而真实情况是，这一轮融资可能是创业路上最为困难的。绝大部分创业项目"出师未捷身先死"，因为没有搞定天使轮而胎死腹中。

如果把创作比作创业，个人垄断就是你的商业计划书。我相信在读过上一章之后，你已经有所思考。而现在，你需要去找到你的"天使轮"。

好在创作和创业有很多的差异。其中最重要的一点，就是创作并不用在茫茫人海中寻找"天使"，而是可以借助内容平台的力量获得启动资本。你可能会把"资本"理解成"流量"或者"曝光"，这并没有错，但也不完全对。在这一章，我们将以"社交资本"的概念来解释平台运转的基本原理，并帮助你选择最合适的启动平台，更容易获得创作的"天使轮"。

什么是社交资本

托克维尔在一百多年前第一次定义了"社交资本"。它可以被理解为人类社交行为中产生的人际关系、共同认知、个体身份、规范习俗、价值文化、信任合作行为等的总称。这个概念并不像听上去那么遥远，在我们每天使用的社交或内容平台上，社交资本无处不在。它的表现形式不尽相同，通常会体现为粉丝关注或者互动的数量，无论形式如何，其共性就是可以长期积累沉淀。

社交资本如同一种可储蓄的货币，创作者通过不断创作，为自己积累财富，并在后续的创作中享受到这种财富的复利。我们经常说的"私域流量"就是一种社交资本价值的体现：创作者可以在自己积累的粉丝群体中获得更有保证的流量和收入。

我们将开始讨论一系列读起来实践性较强的内容。在此之前，我想先澄清一点：

尽管我们可以用粉丝量、点赞数等量化指标来表示社交资本，但我并不认为两者可以画等号。社交资本是创作者和粉丝之间的关系沉淀，它是资源分配中那只"看不见的手"。平台会设计各种数据来量化，但我们不能被这些数据所蒙蔽。正如弗朗西斯·福山的定义[1]中讲到的，群体成员之间共享的非正式的价值观念、规范，能够促进他们之间的相互合作，而这些事情都难以被简单的数字所量化。

著名的科幻剧集《黑镜》中曾经讲到[2]，在未来世界中，每个人在社会中的行为都会通过手机上的"赞"和"踩"而被评价，而这些评价最终会汇总成一个分数。这个分数的上升和下降则会影响一个人在社会上可以获得的各项福利。故事讲到一个女孩努力地争取更高的分数，希望跻身上流社会，最终却因此失去了一切。

每个创作者都应该注意：通过创作积累社交资本，切勿掉入片面追逐数字的陷阱中。数字的增长会产生多巴胺，从而带给人们快感，平台也会通过推送消息来不断提醒和强化这种刺激。越是在刻意营造的环境中，创作者越应该不断重新审视自己的初心——最初创造的个人垄断，是一切创作的发端，也是一切社交资本积累的终点。社交资本的原始定义就是关乎人和人之间的关系的，真实永远是关系最好的基础。在任何"资本"面前，我们都应该尽量保持真实，不为了数字而数字。

创作者往往会认为，流量是平台的核心资源，因而关注浏览量等数据。这是对平台资源的一种误解。在算法推荐占据流量分配核心地位的现在，在一条内容上获得流量丝毫不代表下一条内容还能获得。换句话说：流量没有储蓄价值的功能，它是一个转瞬即逝的"虚荣指标"。

---

[1] 弗朗西斯·福山：《信任：社会美德与创造经济繁荣》，郭华译，广西师范大学出版社，2016。

[2] 《黑镜》第三季第一集"Nosedive"，2016年播出。

创作者

很多平台都有一个"热榜"或"热搜"的入口。如果你的内容能够出现在这里,几乎可以说是站到了流量的顶峰。但这些榜单刷新的频率很高,即便能够一时站上去,也很快会因自然更新而掉下来。你可能会说,对新手而言,能够站上去,拿到一拨流量总是好的。知乎的热榜也经常有创作新人成功上榜,但很多都无法持续,甚至再也没有第二次上榜。在流量热度消失殆尽之后,你的下一次创作仍然从零开始。

创作不应该为短暂的流量所左右。你应该坚持自我,而不是在层出不穷的流量热点面前失去自我。创作是一个累积的过程。它需要我们在每一次创作中"滚雪球",才能避免这种每次从头再来的问题。相信我,大部分浅尝辄止的创作者都是在追逐短暂流量的游戏中最终失去了信心,早早中断了自己的创作之路。

社交资本就是你正在寻找的"天使轮",我们应该把它作为整个创作生涯最关心的事情。它是创作者价值的真正体现,是能够长期积累和变现的优势资源。

自然流量的发动机

社交资本是创作者从平台获取自然流量的抓手。

它是一种货币,粉丝数或高赞数都是被平台和用户广泛认可的一种价值体现。它显性地体现在和创作者相关的各种地方,比如你的头像会加上"V"的标识,你的内容会和"10万+"联系起来。这些不起眼的细节会对受众的接受度产生巨大的影响。

内容是一种体验经济,在消费者打开内容消费之前,无法预知体验。而一旦开始消费,他们就已经付出了注意力和时间。换句话说,内容消费没有退货一说，一旦体验开始了，即便感受不好，也只能接受。因此，消费者会希望在打开之前获得更多关于内容质量的信息。

在传统的图书和影视市场中，消费者会通过作家、出版社、导演、演员来甄别内容质量。而在互联网平台中，这些信息主要来自社交资本，也就是前面提到的那些"不起眼的细节"。

社交资本的优势在于，它的信号来自众多其他用户对创作的认可和评价，而不是来自出版商或电影发行商的宣传包装，这让它的可信度大大增强。消费者对"高赞"和自己关注的创作者的信任已经在一定程度上超过了对名人和明星的信任。

信任让用户以点击和时间来投票。高赞的内容能吸引更多点击，粉丝数量多的创作者发表的内容会获得更多观看。平台大V发布的一条内容带来的流量规模能够轻松地超过一份报纸，这就让社交资本的能量得到了现实中的体现。

更重要的是，由于社交资本的相关指标更好地体现了用户的喜好，也正是影响平台流量资源分配最重要的信号。即便在算法推荐流行的今天，这种信号也没有被减弱，绝大多数平台都会把此类信号当作权重较高的因素来支配分发。理解了这一点，就抓住了平台资源的杠杆，就能更快地积累社交资本，打造自然流量的发动机。

因此，成功的创作者极为重视与社交资本相关的互动、评论和关注的数据，而把点击量、阅读量等数据放在次一级的位置上。原因很简单：前者是因，后者是果。虽然不同平台略有差异，但和社交资本相关的指标是决定流量分发的核心要素。特别是对新手而言，前者相对可控，只要你用心创作，以建立个人垄断的原则持续输出具有真实感和代入感的内容，

创作者

那么自然就会吸引一批粉丝来与你互动。这些信号会成为你下一次创作的流量"自来水",随着不断地积累,这个自然流量也会不断变大。

反馈信号的传声筒

在每一次创作中,你会听到来自受众的各种声音,既有掌声,也有批评。这些声音将是你改进创作的反馈信号。而社交资本正是传递这些信号的传声筒。

今天的创作者已经和传统媒体时代截然不同。以往明星无论多么风光,也还是要通过电视台、唱片公司等各种中介的方式来发布自己的作品。而由于媒介形态的限制,作品在发布之后,也无法收到及时的、有颗粒度的和有人情味的互动或反馈。下一次内容创作就失去了基于这些反馈进行调整和迭代的基础。而有了社交资本这个"传声筒",内容平台上的创作者可以直接面对粉丝,实时收到反馈,快速进行迭代,而无须经过任何中间人。

我们需要注意的是,创作的过程在内容发布的时候并没有结束,它刚刚完成了第一步。你的创作可能会被一些用户看到,他们会热心地与你互动以及提供反馈意见,你可能会就此进行修改,并再次发布。这个来往循环就是社交资本在传递一些重要的信号,帮助你找到创作中的不足之处。

创作是反复打磨的过程,最难得的是这个过程并不孤独,有人乐于当你的"陪练",这让创作更有乐趣,也更有人情味,更能让创作真实而独特。

在社交资本的作用下,你和粉丝的关系更加平等和紧密,双方建立了一种新的协作关系：粉丝在欣赏你的才华的同时，自己也会获得极强的参与感，并在情感上把这种感受投射为对创作者的喜爱、支持甚至忠诚；而前者则愿意更贴近后者的需求来改进自己的创作，贴近粉丝的需求，把更好的、更真实的自己分享出来；双方在协作中共同完成内容创作的全过程，获得了社交资本的回馈。

我们发现，很多成功的创作者都很喜欢去评论区回复粉丝的评论，或者通过私信、微信等形式和粉丝深入讨论。比如，知乎上的"丧心病狂刘老湿"，他不仅是一位活跃的"回答者"，也会在评论区和读者就回答中的各种细节进行讨论。我曾经问他，这种讨论会不会占用时间，影响创作和生活？他的回答是：有错则改，闻过则喜。他还有一个"催更"微信群，很多忠实的粉丝在群中对他的作品进行讨论，他也参与其中，获取来自读者的第一手信息。

及时的第一手信息是非常宝贵的。写作一本书，拍摄一部电影，通常需要创作者孤独地工作数月甚至数年的时间。整个过程中，几乎无法获得外界的直接反馈。而当作品完成上市的时候，就要面对无数陌生人的评价，而这个时候，已经无法再对作品进行修改和调整。很多作者在作品付印或上映前往往都会压力巨大，这正体现了实时而直接的反馈信号的价值。社交资本，不管是以何种形式体现的，都应该是你无比珍视的财富。

个人垄断是在反复的"创作——消费——互动——再创作"中磨炼出来的。互动环节如同神经中枢一般起到了枢纽作用。平台的互动机制，也往往是社交资本分配的机制。创作者将和自己的粉丝一起，不断评估和迭代，最终找到能够高效积累社交资本的路径。

社交资本实际上是创作者真正可以利用的资本。它是自然流量的发创作是反复打磨的过程，最难得的是这个过程并不孤独，有人乐于当你的"陪练"，这让创作更有乐趣，也更有人情味，更能让创作真实而独特。

动机，是内容价值的投票机，是粉丝互动的反馈器。对一个刚刚开始的创作者而言，它就像是天使投资一般，帮助创作者获得启动资源，并通过试错迭代提升创作的水平。

选择平台：以社交资本为核心

社交资本也是内容平台运作的核心机制，它设计好发放社交资本的方式，并不断调节机制以保证分配的方式能够鼓励内容创作的涌现。不同平台的分配机制和内容价值观都不大相同，而这两者是互相关联的，可以说什么样的分配机制就会催生什么样的内容及创作者。

理解平台的分配机制是重要的。不同的分配策略让不同平台对于不同阶段的创作者具有完全不同的意义。对刚刚开始的创作者而言，特别需要一个相对宽容和友好的平台，愿意提供冷启动的资源，从而让迭代的循环可以转起来。如果没有这些资源，那么创作将始终停留在冷启动环节，而难以享受社交资本的复利。平台吸引创作者的方法无外乎提供流量支持和财务补贴，但每一次这样的宣传过后，除了当时铺天盖地的公关稿和美轮美奂的幻灯片，很多投身其中的创作者就销声匿迹了。这是因为，不管平台承诺了多少资源，分配策略早已决定了谁能得到什么。这个问题不想清楚，就变成了算法机器下的"工具人"。

一般来说，平台都会在"长尾"和"头部"之间做出选择，越是"长尾"的分配策略，创作生态就越多元，对新人也越友好，越是"头部"的分配策略，创作生态就越单一，少数创作者占据了绝大部分的资源，新

创作者

人的进击就相对困难。这个说法的变种是"去中心化"和"中心化",是从不同的角度看同样的问题。

随着平台规模变大,用户和内容属性都多元化之后,很难用一种规则来适应所有评判的眼光。因此,平台会更多地依赖于社交资本的分配机制,作为内容价值评定的方法。这种方法就像用市场来给商品定价,每个消费者用点击为自己喜欢的内容和创作者投票,票数较高的就是更有价值的内容。

社交资本具有资本增值的属性,越是好的内容,越容易获得更多的社交资本累积,并在平台上得到更多曝光。这种正循环的飞轮效应一旦开始工作,创作者就会在平台上不断获得收益。

接下来,我们将分析几家内容平台分配规则的特点。这些规则在不断变化,更重要的是理解其中的分析思路,而不是当作静态结论。

微博

作为最早的内容平台之一,微博的分配策略是相对传统的,一定程度上继承了早期互联网产品,如门户和论坛的很多设计。比如:微博很早就具备了转发附带评论的功能。这个功能极大地降低了内容创作的门槛,并有效地提升了原创内容的流通。事实上,创作一条短小精悍而又具有消费价值的内容并不是一件门槛很低的事情,而转发并加上简单的评论则要简单很多,又能让原微博的创作者可以得到更大的曝光。这个设计还衍生出"神最右"的社区文化,甚至诞生了以此为名的独立产品。

微博另一个重要的运营思路是利用名人和明星的人气来实现用户增长的目标。这一点体现在很早就加入的用户认证标识功能上,"大V"的说法也是从这里开始的。这体现出，微博在社交资本的分配上更加注重头部用户的底层逻辑。比较特殊的是，"V"的认证是一个线下的流程，也就是说在平台上的创作并不能直接使创作者获得这种社交资本。对平台而言，这个运营方式能够快速拉动流量的增长，但对新创作者却帮助不大。因此，微博的内容创作很快走向了中心化，明星和后来的 MCN 机构操纵的账号占据了用户时间线的主体。微博加速向媒体化的方向演进。

在微博上线之初，很多用户并不理解微博的这种媒体化属性，在上面发布的内容可以被好友之外的人看到。这种设定最初闹出一些笑话，但很快用户就习惯并积极参与到这种"自媒体"的创作中。但并非人人都是"媒体人"，在 140 个字的限制下，能够持续发布有消费价值的内容更新对大多数人而言都是不小的挑战。尽管微博通过导流导粉等方式来加速货币的分配，但这只是助长了社交货币的通货膨胀和贬值。而在其主动选择了"大 V"的中心化路线后，微博让很多已经在社会上具有了声量的人获得了新的发声渠道，这个渠道比以往的任何一种都更高效。但这也同时限定了创作涌现的边界。今天，普通用户在微博的创作上较难获得反馈，而缺乏反馈机制的系统难以持续自我强化，只会按照原有的逻辑前进。今天的微博已经不再像十年前那样具有大众气质。这其中既有微博自己的选择，也有可能来自微信竞争的影响。

微信

而微信要等到 2011 年 1 月才会问世。

源于 Foxmail（邮件客户端软件）的创始人张小龙对通信系统设计的深入理解，这个接班 QQ 成为国民级的移动即时通信产品以克制而简单

创作者

易用的设计建立了最初的网络效应。而后，陆续加入了"朋友圈"和"公众号"两个功能，在即时通信的基础上建立社交媒体平台。

"朋友圈"起初的设计极其强调好友之间的内容分享，只能通过手机端发布内容，并且鼓励图片创作，互动设计也只有点赞和评论，而不能转发。而"公众号"则限制每天只能发布一条内容，内容创作需要在 PC 上单独完成，内容分发也限制在社交关系和主动订阅行为上。

这种设计哲学意在让平台形成一种利于多样性涌现的结构，用社交资本的理论来解释，平台把分配的权力很大程度上下放给了普通用户。从效率或者速度的角度看，这种让每个人自由发现、自发连接的自组织生态相对"佛系"。但在微信强大的社交关系链的助力之下，一些极具个人特色和内容品质的创作者诞生出来。和二十世纪八九十年代的美国有线电视相似，这些内容专注于细分领域，强调差异化和品质，很多公众号都具有很强的粉丝黏性和品牌号召力。微信公众平台上仍然活跃着不少优秀的创作者，他们的创作频次也许不再稳定，但仍然能产出独具一格的内容。

今天的微信已经如同一个操作系统般功能复杂，但它的出发点却是一个通信工具。我们每个人的表达欲望和能力都是在有明确表达对象的时候被放到最大。这就是为什么我们在最初学习作文的时候，老师总是反复教诲说：作文就是说话。

我曾经和很多顶尖的内容创作者请教创作秘诀，发现他们很多人的创作习惯都是：假装自己在和粉丝聊天。微信作为通信工具的初始设定恰恰是基于"聊天"和"朋友圈"这种具有明确表达对象的场景的。只要这些场景是明确的，在微信上的创作就会带有明显的个人特色。直到今天，这种个人特色仍然存在于一部分微信公众号上，写作的语气如同给朋友的书信，没有任何造作的媒体气息。

微信坚持把服务号和订阅号区分对待，并在功能上严格限制，极力避免个人通信、媒体传播和商业服务混在一起。但这并不能阻碍越来越多的订阅号在流量的竞争中走向专业内容创作（PGC）的趋势。同时，商业机构进入微信的社交图谱，广点通让流量货币化可交易。前者解决了PGC的收入问题，微信自媒体投放的模式在几乎无法监测数据的情况下也如火如荼地开展起来。而后者则让先富起来的人更富，广点通最初买一个粉丝的价格低廉到一毛钱。流量开始集中，系统的平衡便被打破了。这是一个典型的外部因素扰乱原有系统分配机制的案例。但好处在于，微信仍然限制了这种扰动仅在局部存在，没有让它彻底成为微信内容平台的主导性机制。

头条和抖音

以算法推荐为核心的今日头条建立了头条号平台，更让数据和流量成为内容创作的指挥棒。所有的内容创作以整齐划一的形式被码放在无限刷新的信息流上，根据受众的喜好而被推送。这种模式带来了一定程度的个性化，但很快也碰到了问题：算法所依赖的数据基于历史的积累，而人对内容的兴趣却充满了意外。机器难以预知人类发现更大的世界的冲动，这种源自动物本能的欲求从来都不能被喂养。

创作者

算法推荐让我想起在二十世纪流行的电台 TOP40 音乐榜单[1]。今天的机器学习并非基于简单规则的重复，它和 TOP40 相似之处在于其对内容创作的机械反推：头条号带来了"自媒体村"的出现，以低廉的人工批量生产套路化的内容，用数据指标衡量产出，把内容创作的报酬变成了计件工资。我并非否认流水线化内容生产的价值，而是认为，这种逻辑下的内容产出和个人垄断的原则完全相悖，也无须谈社交资本的长期积累，而只是平台以微薄的广告分成换取廉价劳动，最终这种生产关系也会被机器写作完全替代。

头条系的内容逻辑在短视频时代也得到了延续，西瓜视频、火山和抖音都或多或少地强调算法和数据驱动的内容分发。西瓜和火山在重金投入之下未能成为亿级 DAU[2] 的超级平台。而抖音则因为提供突破性的创作工具，开创了一种全新的短视频创作逻辑，吸引了一批新的创作者。

抖音借鉴了 YouTube 上非常流行的音乐和舞蹈类视频的形态，并利用强大的 AI 能力提供了易用的滤镜和剪辑工具。三十秒钟内，创作者可以在强节奏感的背景音乐配合下，加上自己的表演，辅以炫目的特效，完成一次非常酷的演出。早期抖音通过"挑战"的运营，提供创作灵感和竞赛机制，同时不断挖掘各路有才华有颜值的创作者。分发机制结合运营的节奏不断推陈出新，在很长一段时间内都没有大规模地引入明星来加速增长。这一系列举措，加上向来强悍的增长能力，让抖音成为一个现象

---

[1] 关于电台的 TOP40 音乐榜单，可以查阅 Marc Fisher 在 2007 年由 Random House 出版的 Something in the Air: Radio, Rock, and the Revolution That Shaped a Generation 一书。

[2] Daily Active User 的缩写，即日活跃用户数量。

级的短视频内容平台。

抖音把电视搬到了手机屏幕上。在抖音之前，没有一个软件会用一个内容占满整个首页，而是会让用户在很多内容中进行选择。抖音没有提供这种选择，既是源于对自身算法和内容的自信，也是因为可以轻轻上滑就马上换台。创作者们也许没有完全意识到这种机制带来的激烈竞争，但他们至少可以得到几秒钟占据用户全部注意力的时间，而不是像在其他平台上那样，只有几分之一屏幕大小的缩略图。

头条和抖音的创作者更加看重社交资本向财务资本转化的能力，甚至可以说社交资本只是一个短暂的过渡手段，真正的目的还是要赚钱。平台本身也意识到了这一点，从而在算法中强化流量和变现效率的因素，而非个人垄断和社交资本的长期积累。要注意到，算法是具有局限性的，它需要大量历史数据来建立对未来的预测，这一点无形中造成了对新手的歧视。

快手

快手和抖音棋逢对手，但路径不同。它一直以来强调"普惠"，让每一种生活都能被看见。这种平台哲学带来了更大规模的创作涌现。快手平台的日视频创作量很早就达到了千万量级，且创作风格别具一格，以至出现了很多"残酷真相"被人诟病。快手在巨大的增长竞争压力之下，仍然保持了最初对平等创作的追求。也许从外部来看这种差异不大，但如果你闭上眼睛回想，快手和抖音的创作者谁会给你留下更深的个人印象，很可能这个答案会倒向快手一方。快手上经常出现一些意料之外的创作，会给人带来更大的信息量；而抖音则会在一段时间推送大量拍摄同一个

创作者

主题的视频，虽然能够带来短时刺激，但难以建立长期印象。

比较快手和抖音，如同比较公平和效率两种公共政策，这是很多互联网分析家们热衷的话题。中心化与去中心化，自上而下还是自下而上，算法还是人，这些问题在每一个回合都会被拿出来重新比较和讨论。随着竞争的深入，两个平台在界面设计、内容类型上都出现了向对方靠近的趋势。但是，他们的底层逻辑仍然有明显的不同。快手在社交资本的分配上更注重多样性，不会过于集中，同时也通过"同城"和打通微信社交关系的方式让更多普通人的创作得到曝光的机会，更容易创造个人垄断。同时，快手更加注重"关注"功能，让具有个人特色的创作者能够尽可能多地直接和粉丝建立长期关系。这些差异使得快手拥有一个更多元丰富的内容生态。

知乎和哔哩哔哩

知乎和B站（"哔哩哔哩"的简称）都是从垂直社区发展起来的，也具有明显的社区特点。两个社区虽然氛围、用户群体和商业模式都不大相同，但都出现了很多神奇的创作者，也都是今天很多流行文化的发源地。豆瓣、虎扑等更小型的社区也拥有各自的拥护者和优秀的内容。

社区比媒体更加原生地具有平等、分享、互动和互惠的特色，因此社区平台的增长往往需要牺牲部分效率，以保持站内新旧秩序的平衡。这些平台都不同程度地引入了部分社交媒体的产品功能和运营策略，而且为创作者提供更多的流量资源和变现模式，但都无法替代社区原有的价值认同基础。它们为更加垂直化的创作者提供了深度交流的空间，创作质量也更好。

永远悬在这些社区头上的问题是：规模会不会毁掉社区。这个担心有一定道理。早先的社区人不多，每个 ID 都很熟悉，一篇内容下往往跟着几个好友深度讨论。这种关系的紧密程度带来了近似于个人通信的感受。很多行业分析师喜欢把社区和社交两类平台进行对比，而社区的早期就是一种社交，在社区规模变大之后，如果不能持续地建立局部的连接和区隔，那么的确会泛化，走向媒体化之路。

知乎的分配策略对新人创作者是非常友好的，甚至可以说是所有平台中最为友好的。独特的问答和赞同的机制能让新手的好内容也获得展示机会，让创作者更容易实现冷启动。虽然知乎上不乏各界名人，但很多时候最好的回答往往来自一些名不见经传的创作者。这种分配策略是差异于其他内容平台的，这也是为什么中文互联网中很多"梗"都发源于知乎。

B 站则更注重创作者的区隔，通过分区、弹幕等方式，让不同的圈层文化能够在不同的空间中得到展现，减少文化冲突的可能性。B 站也因此成为年轻人圈层文化的聚集地。

从上面的分析来看，如果你刚刚开始创作，选择那些分配策略对新人更加友好、更重视长尾创作者的平台会更快地完成冷启动。虽然平台的游戏规则时常发生变化，但底层逻辑往往源自这些平台创办的初心。

快手、知乎和 B 站看重普惠、平等和多元，这种属性是自始至今、自内而外的。三个平台都会逐渐扩散到更大的人群，路径、规模、调性都不大相同，但基本规则是相对稳定的。相比而言，微博、头条和抖音则更看重效率。虽然微博更看重运营，而头条和抖音更看重算法，但从实际效果看，在这些平台上冷启动的难度更高。抖音用户规模在写作本书之时已创作不应该为短暂的流量所左右。你应该坚持自我,而不是在层出不穷的流量热点面前失去自我。

经一路狂奔到 6 亿的日活跃用户，巨大的流量增长能给创作者带来很多短期红利，但算法驱动的分配策略具有不确定性，长期缺乏社交资本沉淀，则可能是在后期会碰到的问题。

理解平台规则和底层逻辑，是构建个人垄断启动策略、获取初始社交资本的关键。我们在这一章中围绕社交资本的概念介绍了创作新手上路的一些重要原则。接下来，我们将进入到更加微观的层面，讨论创作过程中会用到的重要手法：混剪。

03

混剪:
创作进阶的利器

神评论、鬼畜、恶搞、混剪、翻唱、同人创作……你看到的,都是混剪。

03 混剪：创作进阶的利器

2019 年 5 月，一段名为《猛男版新宝岛》的视频[1]发布于 B 站，目前的播放量已经超过 6000 万，被称为"镇站之宝"。在上传一年多后，B 站仍有用户在线观看该视频，弹幕中不乏一再重看的用户。疯狂的粉丝为这个舞蹈中的每一个动作都起了昵称。领舞者被称为"新宝岛男孩"，后来还被邀请到 B 站庆典活动现场表演。

"新宝岛男孩"本来是菲律宾的一个街舞男子团体 ICONX，视频中的舞蹈原名《加减乘除舞》，配上了来自日本乐队 Sakanaction（鱼韵乐队）的动漫音乐《新宝岛》作为背景[2]。"新宝岛男孩"应该从来没有想到过，自己居然会以如此的身份在中国爆红。而最初上传这条视频的 UP 主"果厨果厨果"在评论区反复声明，这条视频是转载的，没有任何收益。但是，这次跨越时空的混剪创造了完全不同的新内容。文化评论家对这样的创作难以下笔，而大牌经纪人也无法想象这样的组合如何

---

[1] https://www.bilibili.com/video/BV1j4411W7F7.
[2] 《猛男版新宝岛》的视频可以在 https://www.bilibili.com/video/BV1j4411W7F7/ 观看。《加减乘除舞》的原版视频可以在 https://www.bilibili.com/video/av54104007/ 找到，可以发现《猛男版新宝岛》是将《加减乘除舞》的画面和《新宝岛》的音乐做了结合。

创作者

能天马行空而来。

但是"果厨果厨果"的账号下面再也没有达到这个播放量级的视频，而"新宝岛男孩"也已经销声匿迹了半年。这样的创作到底有没有价值？

这个问题并不难回答。这类视频就属于我们即将在本章展开讨论的"混剪"，这并不是昙花一现，而是一种在过去、现在和未来都具有普遍价值的创作流程。混剪让创作和创作之间形成了网络效应，也为创作者的创意和制作插上了新的翅膀。

混剪在 B 站等视频内容平台上很流行，这类视频既不同于"搬运"，即把一些其他地方的视频下载后重新上传，也不同于原创。很多混剪取材于知名的影视剧、游戏和动漫。创作者对原作品重新解构，截取部分内容，然后根据自己的理解和创意，混编在一起。很多视频都会重新配上背景音乐或者自己的解说，这时候视频内容就会被赋予全新的节奏和意义。刚刚提到的《猛男版新宝岛》，原始的背景音乐根本不是视频中的这首歌（实际上"新宝岛"取材于背景音乐的名字），只是由于舞步和背景音乐高度吻合，被创作者重新剪辑，形成了一个全新的内容。

对已经形成个人垄断，并积累了一些社交资本的创作者而言，混剪是一种思考内容创作的基本方法。它并不是简单的搬运和缝合，而是恰好击中了不同文化的交汇点。它是创作的利器，是你走向进阶必须掌握的创作方法。

你看到的，都是混剪

混剪原本是一种音乐创作的方法，是对初次创作的音轨进行重新混录和加工，二次甚至多次创作后，产生新的内容。人类的听觉可以辨识多个不同的层次。把多个音轨叠加之后，只会让听觉的层次更加丰富。混剪是今天唱片工业的基础工序，没有人会怀疑这一点。

也许很少有人会想到，它其实也是一种在各种类型的内容创作中普遍使用的基本方法。

以我创作本书的过程为例。在开始创作之前，我就已经事先收集了大量关于这个主题的素材——大量日常的阅读笔记、网页链接、行业研究等。这些素材可能有几十个甚至几百个不同的来源，由不同的作者在不同的主题下创作。我的工作是阅读、理解并整理成新的知识结构，以笔记的形式存在。这也是学术研究的工作流程，不断从不同来源摄取知识，再把它们重新整理，变成自己的知识。

著名博客"Wait But Why"的创作者和畅销书作家 Tim Urban 擅长用生动的语言和有趣的插画来解释前沿和复杂的概念，比如 AI 和脑神经科学的关系等。他曾经在一次采访[1]中介绍自己如何创作：

> 在每次开始一个新的主题之前，我会针对主题提出数个问题，包括这个主题的原理、产品功能、公司财报、研究学者、丑闻等。然

---

[1] Tim Urban 在 2013 年接受 Andrew Finn 的访谈，视频可以在 https://www.youtube.com/watch?v=7a9lsGtVziM 找到。

创作者

后打开数个浏览器标签页，把每个问题都输入搜索引擎，在每个搜索结果页面打开数个页面，即同时打开数十个页面。我会依次阅读，把不同角度的信息收集到一起，形成一个初步的印象。在此基础上，我还会从主题的维基百科页面获得相关的参考文献列表，再花一段时间阅读相关的书籍和论文。

他形象地比喻道："如果世界级专家的理解程度是10级，一般人在2～3级，那么我会用这种方法快速达到5～6级。"

对大部分读者而言，5～6级已经具有足够多的信息量。在完成上述工作之后，Tim Urban 会把这些信息重新编撰成文，发布到网站上。他的创作深入浅出，幽默风趣，独具一格，浑然天成。特别是标志性的手绘图表，读起来如同坐在脱口秀剧场里，让人在轻松欢笑之余又若有所思。如果不是他自己揭秘，大概没有人会想到他是如此完成创作的，甚至会认为他原创了其中的若干理论。

这种写作方法和很多知识科普类视频创作者的创作方法非常相似，都是"解释性内容"（explanatory content）。虽然并非知识的原创者，但他们善于收集不同来源的信息，并用巧妙的方法重新组织，让更多人可以轻松理解。YouTube 和 B 站上大量的视频内容也都是这种类型，它们的流行正是互联网推动内容进一步向大众扩散过程中必然出现的结果：大量消费者难以理解硬核（hardcore）内容，需要创作者提供更多的背景知识和信息，并用形象的方式呈现出来。

无论是严肃的学术研究，或是写一本商业方面的著作，再或是剪辑一条"尬舞"的视频，这些内容创作的方法都是混剪。混剪并非复制粘贴，也和传统意义上的"剪辑"并不相同,混剪是取材于已有的内容创作,并以全新的理解方式重新组合,以二次加工和重新阐释的方式产出全新的创作。

我们必须看到,人类的思想是在交流中不断发展的。如果思想是一种生物,那么它们不会互相吞噬,而是会彼此交媾,衍生出全新的物种。很多时候,内容创作的价值来自意想不到的组合带来的惊喜和错愕。戏剧性是人类对娱乐的最高评价,而它的本质就是一些事情不合时宜地和另一些事情同时发生——这就是混剪完成的价值创造。

今天,混剪在大规模、高频度地发生着。它让内容和内容之间产生了奇妙的生化反应,这种反应又以链式快速持续。它们加速、繁衍、膨胀,变成我们意想不到的样子,和我们不期而遇。

数不清的、滚烫发热的、脑洞大开的混剪在不断翻滚并涌现——神评论、鬼畜、恶搞、混剪、翻唱、同人创作……

你看到的,都是混剪。

混剪的价值:"意外"的信息增量

要掌握混剪这项基本的创作方法,我们需要理解它为什么如此受消费者的欢迎。

我们知道,消费者对内容的喜好是非常主观的。同一条内容,每个人都可能有不同的看法。这也是为什么豆瓣上的电影评分经常会出现两极分化,微博上不同的粉丝群体经常会隔空对骂。在消费者的自我意识更加

创作者

强烈的未来，我们必须假设，对内容的主观判断会更加明显，而创作者正是以自己的独特创作来满足差异化的主观需求。

我们前面提到过的基于真实感创造出来的个人垄断，就是要适应这种多元化主观需求的建议。真实感，就是把创作者自己投射到内容中，让内容具有独到的风味。消费者也会在内容中体会到这种人格化的魅力，从而完成自我的代入。

当你理解了个人垄断的原则之后，就明白混剪并不是简单的搬运和抄袭。混剪是对内容的二次创作，它的价值在于创作者的个人阐释。它可能是对原内容的深入洞察和解读，也可能表达出和原内容全然不同的意义，抑或嫁接了多种不同的素材来源，创造出未曾存在过的新物种。凡此种种，关键都在于混剪的主刀者能够投入自我，才能让消费者在混剪中看到全新的价值，满足他们的个性化需求。

2019 年底，网易新闻的一份 B 站 CP[1] 排行榜上了热搜，最受欢迎 CP 是外人无论如何也想象不到的——伏地魔和林黛玉，这完全要归功于这对 CP 在 B 站大量优秀的"拉郎配"视频。B 站最早的拉郎配视频已不可考，而脑洞极大的伏黛 CP 最早出现于 2015 年，UP 主[2] "剪刀手轩辕" 受一篇同人文启发，混剪了这对 CP 的第一个视频，从此一发不可收，伏黛 CP 热度一路飙升，甚至拥有了伏黛 CP 主页。可以说，在大量 UP 主的共同创作下，尽管视频素材都来自最初的"哈利·波特"系列电影和 1987 年版《红楼梦》电视剧，但围绕这两个人物，早已创作出了全新的

---

[1] character pairing 的缩写。

[2] upload 的缩写，UP 主即为上传者。

03 混剪：创作进阶的利器

故事情节。B 站的"拉郎配"视频在近两年出现爆发式的增长，这些视频全部是使用已有素材进行的混剪制作，有些剧情是创作者的脑洞，而有些剧情就来自于某篇从未影视化的小说，依靠丰富的人物、精良的后期和完美的 BGM[1]，这些视频完全可以当作全新的作品来观看甚至追番。

从消费者的角度看，他们是否能够在内容上有所收获，很大程度上取决于内容是否带来了信息的增量，是否能带来"意外"的信息。

在信息过载的当下，每个人的生活中都被"填充"了各种单调无趣的事情。消费者时常感到无聊，又会被忙碌和焦虑所困扰。这中间的矛盾就是消费者被"投喂"各种各样千篇一律的内容。电视、电脑、手机 App 屏幕上都在展示相似的、工业化流水线生产出来的标准化内容，让追求个性的消费者避之唯恐不及。混剪大受欢迎的关键，就是在似曾相识之中创造意外惊喜，反套路，反程式，反无聊。

混剪中的"似曾相识"是建立在人类共有的社会文化基础上的。每一代创作者都首先是这个共同文化的消费者。他们从中汲取养分，受到它的影响。同时，每个人也都具有个体的特点，百花齐放，成为"意外惊喜"的源泉。每一个创作者都在为共同的文化增添自己的色彩，让我们的世界变得更加丰富和多姿。

个性和自我最终会在创作上形成突破，成长为越发成熟的创作者。创作者将站在前人的肩膀上，注入自己对世界的理解，用混剪的手法把他们曾经的经历、体验和观察重新组合。如果以代际来区分创作者，我们会发现，每一代人都曾经在人生的某一个阶段（通常是学生时代）大量消

---

[1] background music 的缩写。

新的文化是在过去文化的遗产上建立起来的，但创作永远都是崭新的。

费当时最流行的内容创作，而随着他们的成长，他们会开始利用互联网、个人电脑和手机对之前消费过的内容进行混剪，又创作出新的内容，影响了新一代消费者。如此往复，新的文化是在过去文化的遗产上建立起来的，但创作永远都是崭新的。

新一代的技术和工具进一步降低了混剪的门槛，让创作更加便捷。最早的网页制作需要使用专门的软件进行编写，而今天要发布一篇内容只需要打开网站提供的图文编辑器进行输入即可，知乎的编辑器在很多年前就可以完成复杂的数学公式、化学分子式的输入，为科学领域的内容创作提供支持。很多视频创作者还在使用 Premiere Pro[1] 或 Final Cut Pro[2] 等专业工具，但更多人开始用剪映甚至手机自带的剪辑工具即可完成质量不错的视频，GoPro[3] 和大疆也会针对运动相机和无人机拍摄的素材设计简单易用的剪辑工具。新的硬件，比如 Apple Pencil[4] 和 iPad 让很多创作者开始用手绘的方式为素材带来全新的表达方式，前文提到的 Tim Urban 就是利用手绘创作科普内容的典范。

技术的进步让文化的结晶得以妥善存储，特别是数字技术让这些文化资产可以被低成本存取和加工，个人计算工具的大大增强，又让混剪变得更加容易。尽管消费者的口味越来越追求新奇，但在混剪的创作逻辑之下，新一代创作者的作品将更受欢迎。

---

[1] 一款视频剪辑软件。
[2] 一款视频剪辑软件。
[3] 运动相机。
[4] 智能触控电容笔。

创作者

混剪与原创：站在前人的肩膀上

讲到这里，一定会有很多朋友问：混剪和抄袭、洗稿、搬运到底有什么区别？混剪是原创吗？

我认为，这个问题是严肃的，而且非常重要。作为创作者，理解并尊重内容版权，是非常基本的事情。在知乎，我们每年都要帮助创作者处理大量的版权问题，能够深切体会到当一个创作者发现自己的内容在不知情的情况下以其他的形式出现在另外的地方，是一种什么感受。如果没有好的版权意识，创作者意识到自己的劳动和才华得不到应有的认可，最终就没有人愿意创作了，这将是全社会的悲哀。

我不是知识产权方面的专家，也无意在此讨论版权法律的相关问题。我更想厘清的，是混剪和原创的关系。

要回答这个关系问题，我们首先来刨根问底：到底什么是原创？

拿起你的手机，对着你面前的任何事物，按下拍摄键。不要添加任何滤镜、背景音乐、花式字体和表情包。

最原始的内容创作就是这么朴实无华，枯燥乏味。因为必须是"原创"，所以你不能借鉴其他的创作，必须"原片直出"。尽管如此，你还是有可能在拍摄某个设计师的作品，或者背景中包含了谁的音乐作品。你拍摄的某个网红酒店，或者 Hello Kitty 都是别人的创作。对于更加专业的内容形态，比如拍电影，则更加需要从文学创作中取材，或者借鉴绘画、建筑和游戏中的布景。

人类文明建构在用语言文字进行表达和彼此理解的能力上。语言和文字让人类拥有了一个共同的大脑（collective brain），可以共享不同的信息、想法和创意。沿着信息链溯源而上，也很难找到某个创作、发明、理论的原点。无论是艺术创作还是科学发现，很多推动历史的重大突破在功劳和荣誉的归属上都存有争议。

卓越的个体固然存在，他们的功劳也不可磨灭，但群体的互相影响和反馈更为重要。那些最具才华和能力的创作者，是在和受众的反复磨合中成长的，更能够从同时期和历史上的多种创作中汲取灵感和能量，最终形成在这一阶段具有突破意义的创作。以传统的视角理解，历史会赋予个体极高的荣誉和地位，但同时，他可能是一个时代群体创作的浓缩。

很多伟大的创作者都会谦逊地表示，自己的作品受到过哪些影响。这或许不是一种谦逊，而是揭示了创作的血脉传承。他们的杰作，是在前人创作基础上的继承和混剪，也会为后人带来混剪的素材，形成新的二次创作。如果内容创作的影响能够如搜索引擎统计网页链接数量一样进行分析，我们一定能够看到某些作品不可替代的重要价值，即便它们并非世俗意义上为人所理解的"原创"。

沃尔特·艾萨克森，这位曾经为乔布斯撰写官方传记的著名作家，在其著作《创新者》[1]中表达过类似的观点：

> 某些关于技术和科学的研究会强调实现创造性飞跃的发明家的作用，也就是霍珀所采用的研究方式。另外一些研究则强调团队和机构的作用，例如在贝尔实验室和IBM恩迪科特实验室进行的团队合作。后一种方式想要证明的是，所谓创造性飞跃（灵光一闪的瞬间）

---

[1] 沃尔特·艾萨克森：《创新者》，关嘉伟、牛小婧译，中信出版社，2017。

创作者

其实是一个渐进过程的结果,当思想、概念、技术和工程手段都成熟的时候,创新就会随之出现。然而这两种看待技术发展的观点都是不够全面的。数字时代的多数伟大创新都是个人和团队相互作用的结果,即使是富有创意的个人,他们的想法也需要通过团队合作来实现。

这个观点放到内容创作上也完全适用。在内容创作上,"团队合作"将会以混剪的形式发生在更大范围中的更多的创作者身上,超越时间、空间和组织的边界。

从更长的时间跨度来看,大部分创作都可能在历史长河中被遗忘,但它们的意义可能源远流长,产生更长时间的影响。它们就像科学发明中的"原型",虽然没有走向大众,却为更多发明家和工程师提供了灵感,为更大的想象提供了可能。

原创的真实含义是向人类文化的宝库中贡献自己独到的想法和劳动。在此之前,你会在大量已有创作的滋养下学习和成长。混剪,将是你把自己和整个世界融合起来的过程。在这个意义上,每一种原创都是对世界的混剪,而每一次混剪都是一次源自自我的原创。

作为创作者,我们应该为开放的环境而感到幸运,"站在前人的肩膀上"极大地降低了创作的门槛。同时,我们也应该意识到,运用好混剪这把利器,能够让朴实无华的素材展现出全然不同的光华。杰出的创作者极为擅长这一点:

音乐制作人和DJ Mark Ronson(马克·龙森)曾经是Adele(阿黛

尔）、Lady Gaga 等顶级歌手的制作人，他在一次 TED 演讲[1]中讲述了混剪和"取样"（sampling）为音乐创作带来的巨大改变：

> 忽然间，艺术家可以从任何作品中取样。譬如：骤停打击乐的小军鼓，罗恩·卡特（Ron Carter）的大提琴曲，价格竞猜节目的主题曲……他们当时从这些音乐中取样，并不是因为他们懒得去写自己的音乐，也不是为了占原创者的便宜。老实说，是为了汲取一些相当隐晦的东西。重点是，因为他们在那些音乐中听到了一些触动了他们的东西，让他们立马就想将自己注入那些音乐的诠释当中。他们听到了，他们想融入其中……在音乐界，我们捡起我们喜欢的东西，我们就会亲手改造它。

在演讲的最后，Mark Ronson 现场秀了一首由钢琴演奏和说唱表演混剪的音乐，我非常建议你去网上搜索并观看这段表演。他仿佛变魔术般地把钢琴曲和说唱混音，让两段音乐几乎在一瞬间消失了——事实上是重生了，一段新的音乐带来的一种新的感官体验向人们扑面而来，即便是钢琴曲和说唱音乐的原作者坐在台下，也会起立鼓掌，向这段全新的混剪致敬。

Mark Ronson 代表了今日世界的顶级创作者的开放态度和创新能力。封闭与开放的边界在于：内容本身是否在被混剪的过程中得到了进一步的智力投资，混剪是否是一种对内容的增值。流行音乐创作中的混剪已经是

---

[1] https://www.youtube.com/watch?v=H3TF-hI7zKc.

行业通行的做法，也因此发展了适应这种创作手法的收益分配的规则，尽管还存在诸多问题，但已经可以越来越好地解决开放和封闭的两难问题。

内容创作的繁荣需要延续的血脉。YouTube 为此建立了 Content ID 系统[1]，与大型的版权提供方达成了一揽子授权协议[2]，允许创作者在一定范围内使用平台允许的影视和音乐版权。在中国，腾讯、字节跳动、百度等行业巨头也开始在音乐、视频、图片、动漫、游戏等版权资产上进行投资布局，让内容创作者可以不再担心侵权问题。

知乎也非常重视相关的问题：大量的图文内容一直是视频混剪的重要素材来源，很多创作者会面临"洗稿"的困扰。从法律角度来看，"洗稿"和"抄袭"的侵权界限模糊不清，而解决问题的关键在于如何能够在平台层面上建立一套开放的管理机制，让原创内容的授权链条完整，并完善利益分配。

也许正如数年前周源先生所畅想的，区块链等新一代技术会带来更合理的版权保护方式。它不会让这一代艺术家饿死，也不会让下一代创作者通过混剪失去血脉传承的机会。

记录灵感：一次混剪的创作之旅

对很多刚刚开始的创作者而言，创作似乎是一件神圣的事情，它可

---

[1] 内容识别系统。

[2] 关于 Content ID 的相关描述，可以参考中信出版社 2018 年版的《订阅：数字时代的商业变现路径》一书，作者罗伯特·金奇尔曾经是 YouTube 的首席商务官。

03 混剪：创作进阶的利器

能是从端坐到电脑桌前开始的。内心下定了决心，响起"我要开始创作了"这样的独白，而又觉得大脑一片空白，不知道该从何开始。但如果你要成为一名高能输出的创作者，你的创作流程远远不是从电脑桌前开始的。

混剪是创作的利器。它让创作者可以站在前人的肩膀上，延续创作的道路。因为混剪的存在，你无须担心是否拥有最先进的设备，就可以轻松上手，开始创作。而那些看起来遥不可及的创作大师，也仍然在采用混剪的方法创作伟大的作品。

说唱天王 Eminem（埃米纳姆）有一部半自传体电影《八英里》，讲述一名说唱歌手的成长历程。影片中出现过多次的片段，就是他在公交车上突然来了灵感，随手掏出小本子，开始记录想法，创作歌词。

没错，创作是一个随时随地都在进行的过程。如我们在第一章《个人垄断》中讲到的，创作应该和你的生活方式有机地结合起来。生活中的观察和思考，都可能成为混剪的素材。你的眼睛和心灵就是时时刻刻都在运转的取景框，不断地在流动的生活中发现有价值的片段：不管是路上的见闻，书中的故事，或是视频中的高光时刻以及聊天中的笑话，都应该被捕捉下来，成为日后的灵感来源。

我们日常生活中出现过很多有价值的见闻或想法，但很快就被其他的琐事和信息冲走，而想要回想起来，是一件几乎不可能的事情。记录是整个创作工作中最重要的部分，它是整个流程的输入环节，而输入的数量和质量很大程度上决定了最终的产出。稍纵即逝的灵感如果能够被充分地捕获，那么后续的创作就不会缺乏素材。我们都有过很多次因为忘记了刚刚看到、听到、想到的灵感，而懊恼不已。这些失去的灵感很可能再也不会回来找你，你很可能就这样失去了在混剪中的精彩段落。

创作者

　　每个人的习惯不同，生活方式不同，能够随身随时随手记录的工具也不相同。有人喜欢用纸笔，有人喜欢用手机，有人喜欢用录音。在摄影圈中有一句话：最好的相机就是你随身带着的那一部。随身携带手机，随手拍摄，无须复杂的参数调试，就能得到不错的结果，这一点让它快速成为"记录"的利器。每一种方式都有利弊，没有绝对完美的办法。最重要的原则是随时随地，而又可以日后查询。

　　尽量降低所有可能的摩擦和障碍，暂时忘掉固有的结构，捕捉自由流动的想法——一千个人眼中，就有一千个哈姆雷特。在转瞬即逝和灵光乍现中，混剪已悄然开始。

　　当你开始随时随地记录，素材的数量会呈指数级增加，这时组织整理这些记录就变得非常重要。如果没有合理的流程，你很快就会发现，辛苦收集来的灵感难以回忆和查找。

　　零散的碎片经过组织，就会焕发出新的意义。同样的素材，在不同创作者的脑中会产生完全不同的连接形式。一场严肃的发言可能被重新配音变成搞笑的场面，一段舒缓的钢琴曲也可能成为街头嘻哈的背景。这些最终的效果我们已经耳熟能详，但它们最初是怎么产生的呢？

　　我并不认为，混剪产生的内容效果是创作者在剪辑软件中的灵感迸发。这些"神来之笔"早早就埋下了种子。书到用时方恨少，如果日常缺乏主动的积累，也很难期望在创作过程中"偶遇"这样的"巧合"。

　　在信息碎片化的时代，创作者的一项关键能力就是信息的"吞吐"能力。"吞"就是大量高效的输入，而"吐"就是以混剪的形式输出。组织信息的能力起到了枢纽和转化的作用，在这个过程中，杂乱无章的信息初步形成了彼此关联的一个又一个的创作"原型"（prototype），只等进

03 混剪：创作进阶的利器

入混剪的最终步骤完成创作。

在上一章提到过的 Ali Abdaal 曾经分享过他个人如何管理自己的"灵感日历"（Resonance Calendar）[1]。他为自己设计了一套标签体系，包含了他关注的一些主题。在读过的书、看过的视频、听过的播客中，一旦碰到和这些主题相关的内容，他就会把这个内容记录在"灵感日历"中。

Ali Abdaal 的"灵感日历"，记录了他日常手机的各种素材，并通过标签系统整理[2]

乍看这个"日历"杂乱无章。关键在于，它的主题标签能够在你创作

---

[1] Ali Abdaal 在视频中分享过这个灵感日历：https://www.youtube.com/watch?v=lKYBB-Uw1IM。

[2] 图片来源：https://aliabdaal.com/using-notion-as-a-resonance-calendar/。

过程中快速检索，而无须中断当时的思绪。看起来是信手拈来，实际上是日积月累。碎片化的信息经过简单的初步组织，从创作者的第一人称视角重新构造连接，产生组合式的化学反应，成为创作的一个又一个"原型"。

你独一无二的头脑为这些"原型"创造了不可思议的连接方式。所谓创意，就是在看似不可能的事物之间产生了意外的连接，而混剪就是在不断地构造意外的、令人惊喜的内容。我们在本章开头讲到的《猛男版新宝岛》，就是这样一种奇妙的组合，仅仅是音乐节拍和舞步的吻合，就能够把两种全然不同的内容嫁接起来，产生新的体验。

视频创作者 Tony Zhou 曾经开创了"视频散文"（Video Essay）这种独特的内容题材[1]。他的混剪素材量极大，在短短十分钟内混剪了数十个电影片段，每个片段可能只有几秒钟，并配上信息丰富的深度解说，展现了原片中最精彩的一段表演、剪辑或摄影技巧。要组织数量如此庞大的素材，并且把它们连成一个主题，难度可想而知。他采用了故事板（storyboard）的方法来组织他的内容，尽管只是用纸和笔，也能够快速地把大量素材进行组织。他还使用了卡片排序（card-sorting）的方式，这更方便灵活调整内容片段之间的关系和顺序，这个方法远比操作剪辑软件容易得多。

---

[1] Tony Zhou 分享了他的创作流程：https://medium.com/@tonyszhou/postmortem-1b338537fabc.

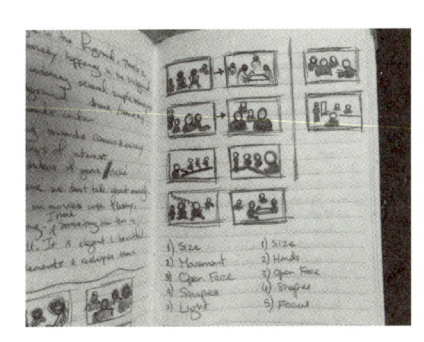

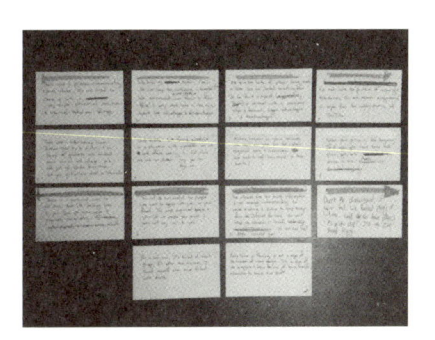

03 混剪：创作进阶的利器

Tony Zhou 的故事板 [1]

熟悉影视创作的朋友可能会说，这个方法在影视行业是很常见的。没错，这个例子看起来过于"专业"了。但我认识的优秀创作者，或多或少都设计了一套自己的创作流程，也许形式不同，工具不同，但基本想法是相通的。

创作是一个抽象而主观的过程，没有一套所谓"黄金法则"。我们反复强调的就是，你应该是创作的主角，你需要设配自己的生活方式来设计你的创作流程。我们在本章中讲到的"混剪"，与其说是一种技巧，不如说是一种思维方式。它告诉我们，内容的创作过程本质上是从不同的来源收集碎片，产生灵感，最终重新组织和连接的过程，这就是我们所讲的"混剪"。

混剪是一个新的舞台，它不需要昂贵的布景和灯光，真正出演的是独一无二的你。

主角是你，只有你最懂得和粉丝沟通的最佳方式，有你登场，一切

---

[1] 图片来源：https://medium.com/@tonyszhou/postmortem-1b338537fabc。

混剪是一个新的舞台,它不需要昂贵的布景和灯光,真正出演的是独一无二的你。

都自然、真实和独特。用你独有的语气、风格和技巧，让积累的零散碎片汇聚成完美的演出。

我们已经走完了混剪的全部流程。画一条线一文不值，而知道画在哪里才价值连城。一条混剪内容的创作，可能会历经数月的积累和迭代，它绝不仅仅是用编辑软件做一些简单的拼接，而是将你生活中的片段重新编织，再现给你的观众。

从个人身份、社交资本到混剪，我们正在逐步深入创作的核心地带。或许你已经开始好奇，这些步骤看起来并没有任何的秘密配方，为什么有些内容能够快速引爆流行，形成病毒式传播，而另外一些则销声匿迹，毫无波澜呢？

我们将暂时离开混剪的全景视图，拿起放大镜，钻到内容的微观层面里，一探深层的究竟。

4

梗：
前方高能

"谢邀，人在太空，刚下飞船。"
梗，就是内容的高能复制因子。

04 梗：前方高能

"谢邀，人在太空，刚下飞船。"

这是 2020 年 4 月 23 日，我国航天员王亚平在知乎发布的一条回答视频中的开场白。对知乎用户而言，这个"梗"早已耳熟能详。在评论区，他们热情地和王亚平互动起来，其中一条评论写道："这是我在知乎见过的最有牌面的开场词。"

这个梗最初的形态是"人在美国，刚下飞机"，它是用户之间的互相调侃，暗讽那些每天飞来飞去，看起来很高级，但不接地气的人。源头已经难以追溯，但它在不同的内容中以各种变体出现，总能让受众会心一笑。

可以说，梗是今天流行文化中最有意思的现象之一。每过一段时间，就会突然传起一波新梗。稍不注意，就难以理解网络上的对话。微博、知乎、快手、B 站、抖音都产生出大量的梗，成为每个社区津津乐道的文化符号。不管是"人在美国，刚下飞机"还是"B 乎"，都是从知乎社区中生长出来的梗。这些梗最初是怎么来的，很多已经难以考证。但它们的生命力极强，能够在很长的生命周期和很大的人群范围中传播，还能稍加变化产生出新的流行文化。"梗"，无疑是内容创作中极为重要的概念，它到底是什么？是怎么制造出来的？这些问题值得每一位创作者深入思考。

创作者

内容的高能复制因子

知乎上对梗的定义[1]是这样的:

> 网络用语当中的"梗"(gěng)源自"哏"(gén),后者的意思是滑稽有趣的言语或动作。不过,人们普遍习惯用"梗"字,因其还有另外一层含义:阻塞。也就是说,当有人问××是什么梗的时候,由于理解不了那暗号般的意涵,思维相当于被阻塞住了。因此"梗"的含义更为丰富,表述起来更加到位。总结来说,梗在网络领域泛指约定俗成的代表某种特殊含义并能引起知情网友共鸣的相关概念,不懂梗的人,往往不容易觉察个中笑点或妙趣。

这个定义把梗给人们带来的一些表层感受解释清楚了,比如:滑稽有趣、阻塞和暗号、约定俗成、引起共鸣等。但这些形容词无法让我们从内容机理的角度探寻它们的生成原理,也就无法运用到内容创作中去。

前方高能:一场"梗"的狂欢

"前方高能"是B站用户常用的一条弹幕,用来预告即将在视频中出现的精彩段落。这条弹幕往往会在屏幕上集中出现,犹如一场网络狂欢,无数素不相识的人在"名场面"来临的一刻,似乎灵魂相互连通,大脑开始共振。

---

[1] https://www.zhihu.com/topic/19597084/intro.

04 梗：前方高能

"前方高能"可以很好地预测"梗"在何时出现，它虽然本身并不是梗的原创者，却是很好的挖掘机。人们会在一条内容中发现一些更加"高能"的段落。这些段落或许是创作者有意理下的，也可能和创作者的本意没有关系。有趣的是，在一条十分钟甚至更长的视频中，人们对哪个段落能成为"梗"具有非常一致的默契。即便这个场面只有一秒钟，也丝毫不会影响大家把它挖出来。从第一条弹幕，到后续接连不断的弹幕，再到后来的满屏狂欢，一个"名场面"诞生了。

梗的生命力并不止于此。很快，我们就会发现，它被从原有的内容中剥离出来，开始新的传播之旅。长长的截图可能会出现在别的帖子中，或者做成表情包出现在聊天对话中，或者被其他的创作者以混剪的形式变成全新的内容。

于是，"前方高能"解开了对内容理解的微观视角。从此，作为创作者的你将学会用这种视角看待每一条内容，庖丁解牛般地看懂内容的内在结构，把其中的精华融入你的创作流程。可以说，梗和混剪是很多创作高手默默使用但未明确提出的两个概念，我们在上一章介绍了混剪，接下来需要对梗有更加准确的理解。

首先，梗是内容可传播的最小单位。

很多时候，一条内容只有很短的部分能够成为大范围传播的梗，而其余的部分都会随着时间的流逝而逐渐被人遗忘。这是梗最为重要的特征。

"前方高能"以弹幕的形式捕捉了视频中的关键片段，让梗从长篇幅的内容中跳脱出来，并继续传播。梗一般都比较短小精悍，太过冗长一定会让它的传播能力大大降低。它的长度刚刚好是能够准确传递高能量的信

创作者

息，再短就缺斤短两，再长则无力传播。

"最小"意味着梗可以轻松进入很多场景进行传播，它会突破媒介形态，突破平台局限，甚至突破线上线下的限制，口头、文字、视觉等无所不能；而"可传播的最小单位"暗示着，如果把梗切分得更小，就不再具备传播的价值。比如开头提到的"人在美国，刚下飞机"，如果只有前半句"人在美国"，人们就会不知所云，也不可能传播。

其次，梗具有惊人的自我复制能力。

我们的朋友圈经常被某个梗刷屏。这经常让我们感到一种莫名其妙的陌生感，好像一瞬间来到了外星球，不知道为什么整个世界都在传这个梗。

梗仿佛有一种病毒式传播的魔力。当然，梗只是一段信息，没有自己复制自己的能力。它的"自我复制"，其实是指内容在人和人之间的传播，真正的"复制"还是由人来完成的。那么，是什么样的力量能够促使这么多人参与到这场"集体复制"运动中来的？

我们又要提到之前讲到的"社交资本"的概念。每个人都是追逐社交资本的猴子。在社交场景中，人们需要展示自己的知识、能力、才艺以体现自己的地位。梗具有的高能属性正好满足了人们在对话中彰显自己社交地位的需求。或许是表现自己的幽默感，或许是表现自己的高智商，又或许是体现自己在圈层文化中的地位，只要在社交中用上一些"梗"，就能以很低的成本提高自己的社交优势感——就像你在微信聊天中发送了一张自己专属的表情包，然后期待对方回复的那种得意扬扬的感觉。没错，就是这种感觉推动着人们争先恐后地成为梗的传播者。

梗和混剪也是天生一对。我们在前文讲到混剪需要通过日常片段的积累来完成创作，实际上，梗就是所有片段中最高能的。它会以不同的形式出现在几乎所有创作中。它是混剪的精华所在，是文化创造之媒。

我们会在本章中列举很多与此有关的案例，但更需要在现实生活中观察和分析每一条引发大规模传播的内容中具备何种"梗"的元素。另外，梗也可能会在传播中产生变异，变异之后的梗会具有更强大的自我复制能力，甚至成为新梗的母体。

再次，梗具有建立文化连接的能量。

梗能引起很多人的共鸣。浅层的共鸣是情绪上的，可以是滑稽幽默的，也可以是脑洞大开的，无论这种情绪是什么，它都能以极高的能量级别打开人们情绪的阀门。我们会在梗面前开怀大笑，或者陷入其他的强烈情绪中。更深层次的共鸣则在文化上。很多时候，一些梗会让我们不明就里，不知道对方的点是什么。这也是梗的一种独特属性：很多梗乍看是看不懂的，但是一旦理解了就会被"戳中"一般产生强烈的反应。

比如 2020 年底很火的"打工人"梗，相比较打工仔、社畜这些词，打工人似乎还多了几分积极的工作态度，"没有困难的工作，只有勇敢的打工人"。身处时代压力下的年轻人们，喜欢通过自嘲的方式来表达内心的真实想法，"打工人"代表了一种对自身社会身份的清醒认识，某种意义上戳中了当下的"时代情绪"。当同事之间用"打工人"来彼此互称问候，自然而然会产生一致的认同感。

我们前面讲到过，梗为了能够更快速且更大范围地传播，会压缩自己的体积，脱离原有的内容上下文进行传播。当它来到我们面前的时候，可能是以完全不一样的状态出现在一个完全不同的环境中的。要理解它的内涵，一定需要相应的文化背景。这时候，梗所具有的情绪能量会引发我

创作者

们的好奇心，让我们试图穿透它的表面，探寻内里的文化。当我们提出一系列问题的时候，就很可能溯源而上，还原梗所代表的文化全貌。这时候，我们就不知不觉地进入了某个圈层文化的内核。

大家都熟悉的游戏"吃鸡"的说法，最早出自电影《决胜21点》里的台词"winner winner, chicken dinner"，赢一把最低能拿到2美元，和一份鸡肉的价钱一样，"吃鸡"就和"赢"联系到了一起。之后被游戏《绝地求生》普及，游戏胜利者的结算界面会出现"大吉大利，晚上吃鸡"，"吃鸡"便成为胜利的代名词。同样，现在有许多电子竞技梗已经完全融入了网络日常用语，比如起源于游戏《反恐精英：全球攻势》中的"我可能喝了假酒"，原本是一些玩家在发挥失常后对自己的调侃，破圈传播之后，逐渐演化为"我可能睡了个假觉""我可能上了个假课"等，表达一种对结果不满意的自我调侃。

梗，体积小，传播速度快，因而能够在人和人之间快速传播和复制，并让人们产生强烈的情绪共鸣。梗，就是内容的"高能复制因子"，一条疯传刷屏的内容，其中一定存在"梗"这个关键要素。

这是不是就是病毒传播的本质呢？

梗、模因和病毒

把梗和病毒联想到一起，并不是我的首创。早在四十多年前，牛津大学的进化生物学家理查德·道金斯就在大名鼎鼎的著作《自私的基因》

中提出了类似的想法。在书中，他创造性地提出了"模因"的概念[1]，并把它和基因做了一次对比：如果生物自我复制的因子是基因，那么文化自我复制的因子就是模因。按照这个比喻，内容实际上是模因的载体，模因天生想要自我复制，因此会衍生出各种不同的内容帮助它来实现传播。

在今天的内容平台上，梗就是最普遍流行的模因，具有和病毒类似的自我复制的特性，让内容在人群之间快速传播。我们经常会讲"好的内容会像病毒一样传播"，却没有想过，这种把梗比作病毒的方法并不是随意的：一方面，它揭示了内容病毒式传播的原理；另一方面，也进一步揭示了"梗"的强大能力。

首先，梗短小精悍，天生容易重复，更适应人脑的结构，自然传播力强。

从"我们一起学猫叫"到"左手跟我一起画个龙"，有些歌看到歌词，脑海中就会不由自主地出现旋律。大量的洗脑神曲证明，简单重复的曲式符合脑神经的运转原理。而所谓"人传人现象"，本身就是一个梗，也正说明梗的传播是一种人和人之间的自然现象。

其次，梗更加灵活，更容易以混剪等形式插入其他的内容中，适应多种使用和分享的场景，加大记忆和传播的概率。

比如蘑菇头表情包，一个蘑菇头可以更换不同的表情，在很多社交场景中应用，帮助用户更好地表达自己的情绪和意思。

再次，梗能够让一个内容的能量密度加大，让它所附着的内容的传

---

[1] 理查德·道金斯：《自私的基因》，卢允中、张岱云、陈复加、罗小舟、叶盛译，中信出版社，2019，第十一章《觅母：新的复制因子》。

创作者

播力加强，从而让自身的复制能力加强。

某些视频的片段经常被混剪到别的视频中，为这些视频增加流行感和趣味性。我们可能在许多视频中都看到过"2000 YEARS LATER（两千年后）"这个画面，这个片段来自动画片《海绵宝宝》，加上低沉搞笑的配音，令人印象深刻。因为被大量视频 UP 主使用，这个素材本身成为一个梗，用来表现"过去了很长时间"。

"2000 YEARS LATER"梗 [1]

读到这里，我们已经基本了解梗的价值和能力。显然，梗是内容中最重要的元素，对梗的理解和掌握直接决定了内容的传播力和影响力。特别是在互联网内容平台上，具有超强复制能力的梗更加受到网络效应的青睐，推荐算法也偏爱这些容易增加消费时长和自然分享的内容。

---

[1] 出自动画片《海绵宝宝》（*SpongeBob SquarePants*），一部美国电视剧情系列动画，1999 年在尼克儿童频道开播，创作者为史蒂芬·海伦伯格，他同时也是动画制作公司 United Plankton Pictures 的老板。

04 梗：前方高能

接下来，我们将开始深入剖析，梗是如何产生的。

梗从何而来

每个创作者都想要造梗玩梗，为自己的内容增加传播属性。那么，如何造出自己的梗呢？

梗的创造是一个循环往复的飞轮，遵循：内容创作——粉丝发现梗——用梗二次创作——粉丝二次传播。梗是通过创作者和粉丝之间的社区文化共创而产生的，而它的流行，需要合适的环境进行传播和重复。

用一张图表示，就是这样：

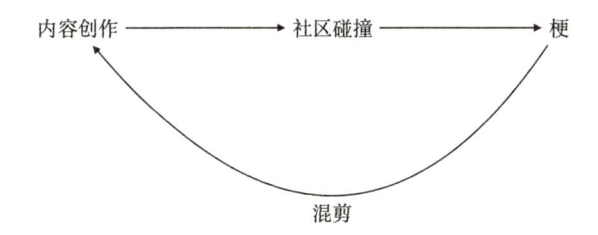

```
内容创作 ————————→ 社区碰撞 ————————→ 梗
     ↖_____混剪_____↙
```

我们将分几个不同的环节来拆解造梗的过程，它是发生在创作者和粉丝之间的三次碰撞：

1. 创作过程中，创作者基于自己的创作方向，在创作过程中开始第一次与粉丝的碰撞；

2. 创作完成后，粉丝在消费内容的过程中，以互动反馈的形式参与共创，形成第二次碰撞；

3. 后续传播中，越来越多的人以混剪的形式加入梗的再创作中，形成第三次碰撞。

第一次碰撞：抓住内容之魂

如果内容有灵魂，它应该在哪里？

当你创作了一条内容，把它发布到公众面前，往往会看到这样一种意想不到的情况：内容中的某个片段莫名其妙地火了，尽管它的篇幅占比很低，但会得到不成比例的关注、互动和分享。文本中会出现"金句"，视频中会出现"名场面"，它们如同内容的结晶，浓缩了内容中最具有传播能力的碎片，能够独立于内容的主题进一步传播，甚至能够代表内容整体的精神。

在创作过程中，这些片段也许不是有意创作出来的，可能是你的信手拈来，但更多的时候，你自己也未能预见哪些片段能够走向更大范围的流行。内容的价值只有在传播过程中才会体现出来，它需要社交资本的背书，它需要受众的认可。

当一条内容获得广泛传播的时候，创作者很难分辨其原因。在社交媒体上，某些受众占据了网络中的"超级节点"的位置，他们的转发和互动可能会加快传播的速度，引爆流行。然而，很少有人深入解析，内容本身需要具备什么样的要素，才能引发病毒式的传播。

正如前文所讲，真正具有传播能力的是整体内容中的一小部分，即我们讲到的内容中最具有传播能力的碎片——"梗"，聚集了内容最核心的要素，是内容之魂。

"梗"究竟是谁创作的？

在构思创作的过程中，你一定已经想好自己要传达什么精神，并以此为脉络，延展出全篇内容。而在创作完成之后，回过头来审视自己的创作的时候，内容中的"梗"可能已经隐隐浮现。很多创作者会在文章写完之后再来起标题，或者把其中的金句加粗高亮，或者在视频完成后剪辑其中的高光片段做成片头。这些做法都是主动地在内容中抓梗的行为。这些被抓出来的片段，如同画龙点睛，正是创作的关键环节。你了解自己的创作，了解粉丝的期待。你在创作正式登场亮相之前，深吸一口气，在几近完成的草稿上进行最后的勾勒。

你知道，这最后的寥寥数笔，可能让内容更上一层楼。

这是你和与粉丝之间的对话，虽然看不见，但亲密无间。你们会发现创作中的精华，内容的灵魂。

这就是创造梗的第一次碰撞，尽管没有人知道它是否能够流行起来。但不重要，发出去，你的工作告一段落。

而碰撞仍将继续。

第二次碰撞：翻滚文化之汤

创作并没有想象中那么顺利，火爆场面总是比预想的来得迟。但日积月累之中，你和粉丝越来越多地互动起来。在评论区，在微信群，在弹幕上，大家变得熟悉起来。你创作中埋下的那些梗，逐渐被粉丝注意到，变成对话中调侃的素材。尽管还没有出圈，但梗已经活络起来了。

这个时候，梗还只是小圈子的文化。在小范围内懂得某个梗的含义往往就意味着文化认同。梗已经找到了它能够生存下去的土壤，虽然影响范围不大，但已经具备了初始条件，可以准备好开始第二次碰撞。

创作者

　　这一次碰撞将更加真实地发生在你和粉丝群体之间，它会表现得更加剧烈。它不再是发生在你头脑中的思想实验，而是在快速的内容流转中，字节与头脑的碰撞。更少数的片段能够在碰撞中迸发出巨大的能量。我们讲到的"前方高能"，就是这种碰撞的实际体现。创作者创作，粉丝群会意，社群的力量开始迸发。在社交资本的驱动下，每个人都争先恐后地把自己的发现分享出来，让更多人看到。梗的高能复制属性被激活了，它催化了一次基于粉丝社群的文化共创，让梗进一步升华为一个群体的文化符号，也许一开始只有少数人懂，但终究会走向更多人。

　　内容平台会放大这个过程，无论是社交转发还是算法推荐，都会尽可能敏锐地捕捉到这种小圈子内的热度，并试图让它出圈传播。这就是为什么知乎、快手、B 站等社区类平台会成为"万梗之源"。这些平台具有自己的文化底蕴，如同一直在加热煮沸的火锅，在汤底的翻滚中，其中的各种食材也彼此汲取对方的养分和滋味。其中精华的部分被煮出来，又沉淀下去，融入所有滋味的汤底之中。没有一个互联网社区平台会把造梗当作自己的目标，但一个具有活力的社区一定能造出大量广为流传的梗来。

　　造梗，并不是先想出一个梗，然后再用这个梗去创作内容；而是先有内容创作，然后在内容的传播过程中，被逐渐发掘和认知。梗需要内容提供的传播环境才有生命力，而真正有传播力的内容也一定需要梗在其中发挥作用。

　　造梗，是一个共创的过程。

　　2020 年，神曲《兄弟想你了》火爆全网，无论是素人、达人，还是明星，都用这段神曲拍摄同款视频。根据百度百科，这首歌最初发行于

2016 年，经历了默默无闻的几年后，突然因为抖音上一段怪诞搞笑的抖肩舞和"越南版"的服装打扮爆红，并一发不可收。

这首歌曲在最初被创作的时候，并不是有意造梗的行为。它本来是长达三分多钟的歌曲，也拍摄了完整的音乐视频（MV），但在当时并没有带来高能传播的效果，不具有梗的病毒属性。直到抖音社区发现了其中的一个片段所具有的梗的属性，这一段的长度只有三十秒，但魔性的歌词和旋律至今在很多人的脑海中盘旋：兄弟啊，我想你啦，你在那嘎瘩还好吗？

发现梗的过程是社区文化共创的结果。它既需要创作者的创意，也需要社区用户的认可和共振。在海量的内容创作中把最具有生命力的片段发掘出来，并不是平台能够中心化完成的任务，只有在社区的大环境中，梗与社区文化产生碰撞，由受众产生情绪共振，才能抓住这些转瞬即逝的精彩片段。在一次又一次的碰撞和共振中，梗也随之清晰地浮现出来。

类似的案例比比皆是。在知乎上，你会看到很多人在回答开头写上"泻药"两个字，然后才开始正式的内容。这两个字也是一个梗，但它最初其实是"谢邀"。知乎有一个在提问之后邀请别人来回答的功能，答主在接受邀请之后，一般会礼貌性地感谢别人的邀请——"泻药""蟹腰""蟹妖"，各种谐音变体越来越多，逐渐变成一种社区文化。很多人都会在回答开头写上这两个字，表示自己觉得这个问题提得好，自己打算好好答一下，同时也在展现自己很懂社区梗。知乎官方后来把这个梗做成了一个"谢邀"的功能，也算加入了"玩梗"的行列。

梗就是这么在社区中不断翻滚共创而来的。很多时候，到底是谁在创造梗已经很难分清。创作者和粉丝在这个过程中是平等的、界限模糊的。

创作者

每个人在其中都获得了创作的乐趣，它让社区变得更加紧密了。

这就是造梗过程中的第二次碰撞。在这次碰撞中，创作者和自己的粉丝一起完成了梗的共创。在小圈层中，梗已经具有完整的形态，并且为圈内人所津津乐道。然而，小众认同并非梗的最终归宿，我们将在第三次碰撞中看到梗的再一次跃迁。

第三次碰撞：重要的事情说 N 遍

在前两次碰撞中，你完成了从自我到群体的延展，通过共创让梗从翻滚的文化之汤中沉淀出来。这个过程中充满了冲突、矛盾、自我否定和不可预知。你在第一次碰撞中所想出来的梗，极有可能不会在第二次碰撞中产生火花；而意料之外的梗却可能被粉丝群体记住；甚至可能"墙内开花墙外香"，某个梗在另外一个社群中完成了文化碰撞。无论哪种情况出现，都应该认为是创作的成功。

你开始强烈地认知到，梗对你的创作是非常重要的。

在这个阶段，梗仍然具有强烈的圈层文化特性，像是社群内部的"暗号"，能对上就会心一笑，对不上则一拍两散。然而，即便是"暗号"，也应该被理解成具有高能传播潜力的"信号"。你知道，它们应该成为混剪的素材，在下一次创作中，你会巧妙地用这些素材，让创作再度进化。

我们再一次回到《兄弟想你了》的例子。魔性的音乐、舞蹈动作和夸张的服饰都可以认为是梗。我们看到，基于这些梗，产生了大量的跟拍创作，但其中真正火起来的并不是完全的模仿，而是在原有的基础上加入个性化的改编。这就是我们在上一章讲到的"混剪"的经典案例。

这时候，给创作者带来的价值在于能够高效地发现并捕捉高能的梗，并且运用混剪的利器，重新组合，产生全新的创作。

创作者对梗的熟练使用，会集中表现为一种"网感"。比如火遍知乎和 B 站的半佛仙人，他创作的图文和视频中都充满了大量的流行表情包，特别是 GIF 动图。通过对这些流行的"梗"进行混剪，创造了一种与观众"无距离感"的沟通方式，让粉丝觉得亲切幽默，在有趣中获得干货，而这也同时成为一种独有的创作风格，并让观众记住他的个人特色。

内容中出现了让受众熟悉的梗，就更容易产生情绪和文化的共鸣，促使他们也加入碰撞和传播之中。在梗完成自我复制的过程中，你的创作也会因此受益，得到更多的关注和流传，并沉淀为创作者的社交资本。

梗的组合会变成新梗，判断的标准在于组合而成的新梗是否具有稳定的传播属性：一个视频火了，抖音上就会出现大量模仿视频，都是以相似的音乐＋舞蹈＋服饰＋表情的组合创作的。可以认为，这个组合而成的新梗正在以新的形态继续着自我复制的旅程。抖音的"拍同款"功能则让这种"组合成新梗"的能力变得更简单，相当于用技术手段加速梗的生成，让已经证明自传播能力的梗沉淀固化下来，为更多创作者提供创作的素材、模板或灵感。

这就是我们在前文提到过的创作者网络效应：越多的创作者创作内容，就越有可能造出新的梗来，这些梗又被其他的创作者进行二次创作，在增强自身内容的传播能力之外，也让梗更加流行。梗是创作者之间看不见的超级链接，它构造了一张无形的网络，让其中的每个人都收获了更多的价值。

想象一下，在一张通过高能元素连接起来的网络中，梗通过创作者创作者网络效应——越多的创作者创作内容，就越有可能造出新的梗来，这些梗又被其他的创作者进行二次创作，在增强自身内容的传播能力之外，也让梗更加流行。梗是创作者之间看不见的超级链接，它构造了一张无形的网络，让其中的每个人都收获了更多的价值。

04 梗：前方高能

和他们的粉丝快速自我复制和传播，每一次混剪和每一次互动都让梗在不同的场景和头脑中得到重复。而这种重复又不是简单机械的复读，而是在碰撞中衍生不同的表达。这好似蛋白质的产生既受到 DNA 及其转录成的 RNA 的决定性影响，也会在后续的折叠和修饰中产生新的变化，形成不同表征和功能的产物。第三次碰撞的关键就在于梗能否找到不断自我复制的环境，而这种环境又不会把每个人的自由表达和创意死死限制住。

诺贝尔经济学奖得主 Robert J. Shiller（罗伯特·希勒）在他的畅销书《叙事经济学》中讲到，叙事的传播力取决于重复概率。可重复性来自可以使用梗的场景是否足够普遍，以及场景自身是否就有社交属性。他在书中讲了这样一个人人熟知的案例[1]：

> 《生日快乐》歌是传播性叙事的一个极佳案例，因为它已经被翻译成多种语言并传遍世界各地，而且它可能是有史以来最出名的歌曲。它风靡全球的部分原因在于人们每年都要过生日，而不是因为它是人们最喜欢的歌曲。它并不是因为优美或高雅而格外受人欣赏。它的流行纯属意外，但又势不可当。

希勒意识到了生日歌是一个"梗"的好案例，但他仅仅提到了"重复"的一层原因：人们每年都要过生日；而另一层更重要的原因是：生日歌

---

[1] 罗伯特·席勒：《叙事经济学》，陆殷莉译，中信出版社，2020，第八章《叙事经济学的 7 个构想》。

创作者

几乎都是在很多朋友在场的时候一起唱的。这就是那个湿润温暖、利于繁衍的环境，尽管每一次刚刚开始唱的时候，每个人都不免有些尴尬，觉得自己的音调和节拍没有跟上，但很快又会在欢乐的气氛中融入其他人中，短短几十秒钟的合唱，让生日歌变得更加流行。

这个"梗"的来源已经难以追溯，但它告诉我们一件极为重要的事情，也是我们所说的造梗的第三次碰撞——重要的事情说三遍：重复重复再重复，在不断的重复中，梗的能量不断被加强，以不同人的演绎，不同场景的适配，组合成新的梗，并再次流行。

梗，就在碰撞中被创造出来。

这三次碰撞，从创作者一个人，逐渐卷入了更多人，从独创、共创到再创。梗作为一种文化现象，并不是天才创作者闭门造车的产物，而是一种社会化的群体行为。创作者需要把自己的创作过程开放出来，暴露在粉丝社群甚至广泛的受众群体中，不仅仅让他们提供互动和反馈，更可以邀请他们加入创作过程中来。角色身份的变化也会影响消费者的心态，消费者也会更加投入，成为创作的一部分，而不仅仅是被动接受投喂。这将是内容创作的重要趋势。

梗，既熟悉，又陌生。我们在生活中经常会碰到这个奇妙的文化现象，会跟着它加入造梗、用梗和玩梗的行列中。作为创作者的你此刻已经理解它的内在特征和原理，但不要认为这就是内容的灵丹妙药。梗和混剪合二为一，能够让创作打开新的思路：让粉丝加入创作的过程中来，通过三次不断加深的碰撞，挖掘内容中蕴含的高能复制因子；在你的混剪中，有意识地使用这些人人"喜闻乐见"的梗，就能提升内容传播的能量。

做到了这些，我们可以想象，你已经形成了自己的创作方向、创作流程和粉丝群体。这个群体正在不断扩大，还具有一些小圈子的文化。是时候走向创作旅程的下一站：建立内容品牌。

05

内容品牌:
可持续的创作进化

与消费者建立长期信任和记忆的秘密:
为故事而来,为角色而留。

05 内容品牌：可持续的创作进化

从洛杉矶市中心出发，驱车向东南方向进入奥兰治县，经过二十多分钟，就来到阿纳海姆迪士尼乐园。

这是沃尔特·迪士尼在 1955 年亲手建立的第一座迪士尼主题乐园，被称为世界上最幸福的地方。迪士尼的"幻想工程师"（Imagineers）运用自己的想象力和工程技巧，竭力还原了电影中的场景，从电影或动漫中走出来的人物角色热情地欢迎着每一位游客。每一处游乐设施的设计，都会再次让游客沉浸在美好的童话故事中，身临其境地体验浪漫与欢乐。购物和餐饮也是整个体验的一部分，每个游客都忍不住在商店里带走一些纪念品，不管是印着米奇头像的马克杯，还是印着美国队长盾牌的 T 恤衫。

相比后来的五座乐园，虽然阿纳海姆迪士尼乐园的面积仅排在倒数第二位，但在过去的三分之二个世纪中，这座乐园每年会接待一两千万名来自全球各地的游客，是游客数第二名的环球影城主题乐园的三倍。

截至 2019 年，主题公园是迪士尼公司最大的收入来源，贡献了将近一半的营业利润，还在以每年 10% 左右的速度增长。凭借这项独特的业务，迪士尼在全球的内容文娱行业中独树一帜，几乎是这个行业中每一个从业者都希望学习的公司。

创作者

内容品牌的沉淀

个人垄断如何升级为内容品牌

从这一章开始，我们的创作之旅将走向一个新的阶段。

你已经从建立个人垄断起步，积累了足够的社交资本，学会用混剪和梗为自己的内容增添色彩，那么，你应该已经得到了一定量的粉丝关注和积极反馈，在平台上小有名气，开始有一些商业机会找到你。这时候，你会开始注意到，一些创作者的更新逐渐变慢，最初的创意不再新颖，又找不到新的突破口，而另外一些创作者还在不断涌入。你一定会担心，你眼下的好局面能否长期持续下去？

如果你开始有这样的顾虑，那么你已经登上了创作的新台阶，迪士尼独特的内容品牌经营模式对你的借鉴意义会是非常重大的。

迪士尼一度和其他的好莱坞电影公司在经营模式上没有大的差异，都要面对内容行业的通病：无法预知下一个爆款什么时候来临，永远在追求下一个爆款，但又永远都无法预期。让迪士尼脱颖而出的，并不是修建了更大的主题公园，而是多年在内容品牌和人物角色上的投入。迪士尼前 CEO 罗伯特·艾格（Robert Iger）的重金收购可以说是这一战略的集中体现。

罗伯特·艾格在 2006 至 2012 年间主导了包括迪士尼对皮克斯、漫威和卢卡斯影业的三大收购，总共投入了超过 150 亿美元。这每一桩交易的背后都有着复杂的原因和背景，但其中一个最关键的因素，就是极大地延展了迪士尼的内容品牌，从单一的以卡通形象为主的迪士尼动画，拓展到皮克斯、漫威和星球大战等多个品牌，吸引了更多潜在的受众。

而这三大品牌旗下的人物角色——无论是皮克斯充满想象力的卡

通角色，还是漫威的超级英雄，又或者是卢卡斯的星战史诗，又为迪士尼的商业网络增添了新的资产。罗伯特·艾格在致股东的信[1]中，反复使用一句话来形容这些角色的价值：深受喜爱的人物角色（beloved characters）。而这些角色最终将走出剧院，以乐园、商品和服务的方式进入观众的生活中去。它们不仅仅是浪漫童话中的虚拟人物，也变成了承载人们美好记忆的内容品牌。

内容吸引人群，品牌占据品类，这些子内容品牌不断拓展迪士尼的内容品牌组合。迪士尼的整个业务模式更趋向于对内容品牌资产的运营，而不再把赌注押在追逐少数的爆款上。整个公司的收入、利润和现金流都更加稳健。

我们知道，爆款可遇而不可求，如果一个创作者把自己长期的创作都押宝到了爆款上，这可能就陷入了一个怪圈：你会开始努力分析市场上流行的爆款有哪些特征，然后试图复制这些特征到你的创作中。不用说你也明白，这样的做法并不能创造新的爆款，反而更有可能让你丧失自己的个人垄断，失去粉丝对你最为欣赏的真实感和原创性。

参考迪士尼的案例，当你已经成功地创作了一批作品的时候，应该逐渐把注意力转移到如何从这些作品中挖掘令人喜爱的形象，并把它们升级成你的内容品牌。这些形象当然可能就是你自己，但也完全可以是其他的元素。关键在于，这些形象是不是已经在你的创作中反复出现，成为粉丝群体的长期共同记忆。

---

[1] 关于罗伯特·艾格在迪士尼公司的职业经历，可以参考中信出版社 2020 年出版的《一生的旅程》，以及迪士尼公司的投资者关系网站 https://thewaltdisneycompany.com/investor-relations/。

创作者

这种长期的共同记忆，是粉丝和你之间的信任与默契。在激烈的竞争中，一个印象深刻、形象鲜明的内容品牌让你的创作在众多选择中脱颖而出，如同增加了滤镜，使你的内容更加生动活泼，引人入胜。

我们已经讲过多次，可持续的内容创作是非常困难的，其中的一个重要原因，就是内容的风向变化难以预测，流量潮起潮落，每天都在发生新的变化。内容品牌，是万变的内容中不变的那个部分，是少有的能够长期沉淀积累的资产。尽早开始，沉淀你的内容品牌，是保持创作常青的必经之路。

内容品牌并不是新鲜事。今天活跃于各大平台的网红主播、UP主和创作者，以及其身后的策划团队，就是有线电视时代的主持人、演员、导演、歌手和DJ。只不过在前互联网时代，内容创作和分发门槛更高，更加中心化。这个趋势在有线电视（Cable TV）的时代最为明显。从二十世纪八十年代开始[1]，HBO（电视频道）、CNN（美国有线电视新闻网）、Discovery（探索频道）、ESPN（体育频道）等频道分别在影视、新闻、纪录片和体育等领域成为垂直分类内容方面家喻户晓的品牌。每次HBO标志性的雪花屏幕片头开始的时候，就已经吊足了观众的胃口。观众会因为"HBO出品"而选择一部剧集，甚至愿意给出更高的评价。这种选择倾向反过来影响了HBO的内容策略，进一步强化了内容品牌。

今天，内容创作的权利早已被下放给每一个创作者。这种涌现而出的多元特征，向消费者提供了近乎无限的充裕选择，也让其中最具个性

---

[1] 关于美国有线电视行业的发展，可以参考 Cable Cowboy（Wiley，2005）、I Want My MTV（Plume，2012）、《HBO的内容战略》（浙江人民出版社，2019）、《探索好奇》（中信出版社，2014）等书。

的内容品牌价值非凡。

你的内容品牌是从你的个人垄断升级而来的。可能是你的ID、昵称、账号和头像，也有可能是一个标志性的视频片头，一句为粉丝津津乐道的梗，一种独特的混剪风格，一类精心选取的选题角度，或者一个招牌手势或表情。只要能够给粉丝留下深刻而独特的记忆，在他们的心中占据一席之地，并和他们生活中的某些场景和观念产生强关联，就可以说是具有内容品牌了。

不管是"集美貌与才华于一身"的papi酱、"oh my god 买它"的李佳琦，还是"每天都在镜子前给自己磕头"的半佛仙人，这些成功案例，都已经在自己的个人垄断基础上实现了内容的品牌化。这些反复在他们的创作中出现的元素，并不是随意的，而是在每一次和粉丝的互动中，积累沉淀下来的精华，又被他们有意地重复，成为内容的标志和品牌。

你可能意识到，内容品牌和我们在上一章讲到的"梗"有异曲同工之妙。没错，梗是创作者和粉丝社群共同创造出来的内容元素，能够快速地自我复制和传播。我们上面举出的各种内容品牌的例子，很多自身就是一种梗。但需要注意的是，梗并不一定是能够长期沉淀的元素，它很可能快速传播一段时间后，就销声匿迹或"过气"。

内容品牌，应该是那些能够尽可能长期使用而仍然保有价值的。从你在平台上创建账号的那一刻起，内容品牌的经营已经开始了。但能够让它真正成功，则需要持续投入的努力。

伟大的内容品牌在过去的数十年中不断地诞生，成为一代又一代人的文化符号和精神象征。人们把品牌标志印在自己的衣服、书包、杯子甚至皮肤上，成为自己一生的热爱和信仰。

做少数人热爱的英雄。

这就是内容品牌的价值和力量。

少数人热爱的英雄 vs 多数人不讨厌的偶像

当创作越来越成功，吸引到越来越多的受众和商业机会时，屠龙英雄的桥段就要上演了：会有越来越多的人开始对我们的创作提要求，有些是善意的建议，有些则是批评甚至吐槽。很多创作者在面对这些情况时，会对自己的内容品牌产生动摇，创作失去了个性的光彩，而去迎合大多数人的喜好。这样做，或许能在短期内赢得一些人的点赞，但在长期来看，可能会失去最硬核的那部分粉丝的支持，成为一个泯然众人、平淡无奇的"自媒体"。

这样的现象听上去很可惜，却是每天都在发生的事情。到底如何平衡两种倾向：做少数人热爱的英雄，还是做多数人不讨厌的偶像？

从内容品牌的角度来看，我们的回答非常坚定：做少数人热爱的英雄。

内容是吸引人的，但它不是万能的海绵，而是有所选择的过滤器。在你的创作旅途上，最初伴你同行的那些粉丝往往具有惊人相似的特点，而当你逐渐越走越宽，吸引了更多人的时候，你会发现，这种共性仍然存在。你的创作好像会过滤特定类型的人，让越来越多具有相同爱好的人成为你的粉丝。自然，内容品牌也将刻上这种独特的气质，变成这群人的共同文化——人们因为你的创作聚在一起，一种共同的热爱成为彼此认识、社交和信任的基础。

一旦你的创作发生了大的方向变化，这种基础就不复存在，内容品牌和粉丝文化都将随之消失。这就是我们所说的，变成了"多数人不讨

创作者

厌的偶像",虽然流量变大了,但内容品牌走向了下坡。就像少年屠了恶龙,自己却变成了恶龙,这一定不是你或者你最初的粉丝想要看到的局面,世界上已经有太多这样平庸的内容。

我们回到迪士尼的案例上。在罗伯特·艾格重金收购了众多内容品牌以后,迪士尼是不是失去了品牌的独特性呢?并没有。迪士尼利用品牌矩阵的策略,有效地设置了"过滤器",每个独立品牌吸引特定的人群,并且做到这个人群最热爱的极致。比如《冰雪奇缘》《狮子王》就是给儿童看的,故事和人物都比较简单。而《星球大战》,总是讲述使命召唤、内心冲突和人格转变的过程,就是给青春叛逆期的青少年看的。迪士尼的每一个子内容品牌,都牢牢占据了一个目标人群。

今天,用户接收信息及消费内容的环境,比电视时代更为多元和丰富,不再是年龄、阶层的人口学划分,这是因为互联网信息环境具备零成本传播,开放性和平等性带来的内容创作大爆发。内容和用户群分类的方式,变成了价值观和兴趣圈层标签化分类。

在这种媒介环境下,内容品牌一旦形成,就相当于为创作者的内容贴上了所属价值观和兴趣圈层的鲜明标签。它让独具特色的内容获得最佳站位,也帮助口味挑剔的消费者遇上一见钟情的内容。我们经常看到的情况是,越是成功的内容品牌,它的受众画像就越清晰,甚至可以用这个品牌来代言这个人群。你是"艾泽拉斯大陆原住民"还是"霍格沃茨荣誉学员",是"德云女孩"还是"《甄嬛传》十级学者"……尽管这些是戏谑的表达,也是特定人群的专属标签。同时,这些品牌可能也是颇具争议性的,也会让很多人望而却步。我把这种现象称为内容品牌的"过滤器效应"。

所谓过滤器效应，就是通过内容品牌所传递的审美风格、价值取向等对受众进行过滤和筛选；在此过程中，少部分人也会通过过滤器沉淀下来，变成品牌最忠诚的追随者。具有强大品牌的内容很可能对受众是有挑选的，反过来看，就是内容需要放弃一部分受众。很多人一听说这个观念，第一反应都是摇头的，但仔细想想，也根本没有哪种内容可以吸引和覆盖所有人。可怕的是，并不是放弃了一部分潜在受众，而是无法获得任何人真正的喜爱。

每年都有大批选秀出来的流量明星进入影视行业，但只靠外形和人设吸引到并不是真正喜爱的过路粉，很容易被新的流量明星带走，也无法支撑作为明星的商业价值。相反，凭借《长安十二时辰》《少年的你》中实力出演而获得好评的易烊千玺，在褪去了流量的包装后，以深入人心的作品角色触动观众，成为有长期价值的明星。《亮剑》中饰演李云龙的李幼斌，出演 LEGAL HIGH（《胜利即是正义》）《半泽直树》的堺雅人等，都不是流量明星，但都凭借作品角色被人们记住，积累了真心喜欢的粉丝。

这样的例子，近些年在内容平台上也越来越多。在短视频刚刚兴起的时候，有很多批量生产内容的小团队，他们从来不关注内容定位和受众选择，他们的目标只有一个，就是研究平台的规则和算法，然后以极低的成本进行大量的生产：或是东拼西凑从电影和电视剧中剪辑片段，或是搬运国外平台的视频。后来还出现了用技术手段自动搬运和剪辑的进阶版。哪类视频数据好，就去做哪类。一个账号的粉丝涨不动了，就再开一个新号。即便先不讨论这些做法是否侵犯了版权，这种产生内容的方法就是行业里面俗称的"洗用户"，就是把用户当作流水一样倒腾。无一例外，

创作者

这些内容作坊最终都销声匿迹了，也没有人会记住它们的名字。

做少数人真正喜爱的内容，利用自己独特的个人垄断，拓展具有明确定位的粉丝群体。在这个过程中，内容品牌会随着内容创作的持续沉淀和积累，体现在表达方式和创作风格上，更深刻的则是在内容所表达的价值观上。

强大的价值观结合独特的内容创作，具有强大的吸引力，能够让粉丝产生强烈的价值认同。同时，价值观也会挡住甚至排斥一部分受众，这些人或者对内容无感，或者干脆是不喜欢。这时候，这些人就会从潜在受众群体中排除出去。这是内容品牌的过滤器效应的实际应用。

"得到"以"终身学习"和"做时间的朋友"为价值观，聚合了大量热爱学习思考、对提升认知有需求的用户。罗振宇从"罗辑思维"公众号日更六十秒语音开始，坚持不懈，吸引了大量的粉丝。"得到"App上线后，开始发布付费的知识内容，最早的付费用户很多也是从"罗辑思维"转化而来的。"得到"陆续拓展了电子书和纸书发行业务，更以跨年演讲和"得到大学"提供线下的社群学习体验。"得到"的用户规模相对知乎、喜马拉雅等平台属性的App而言相对较小，但它拥有一批高度认同其核心价值观的用户，高黏性、高复购地消费其内容和服务。有趣之处在于，"得到"品牌建立的过程一直伴随着争议，无论是不绝于耳的"知识是否能付费"，还是跨年演讲中提到的商业案例被频频"打脸"，很多人对它的价值表示怀疑甚至不屑。但"得到"作为一个内容品牌，已经吸引和过滤出它的核心受众。从这个角度看，"得到"还有不少价值空间可以挖掘。

过滤器效应的另一个奇妙之处在于：内容品牌会重新定义人群的划

分，而非按照原有社会学人群定义进行渗透或覆盖。新的内容品牌会满足本来就不存在，也未被满足的内容需求，而非替代原有的内容攻击。这是一种开辟式的创新，在看不见的方向上开拓出超出预期规模的市场来。

例如科普类视频创作者回形针 PaperClip，通过专业性图表和精美的动画，实现内容和内容呈现形式的独特性。他们的每期内容都耗费了大量精力深入研究，并大量引用标准和文献，把复杂的专业内容翻译为外行人也能理解的语言。因此虽然是相对冷门的硬核科普，却在知乎和 B 站都获得了非常高的人气。回形针典型的视频选题类似于：北斗卫星为你做了什么？如何成为一名金牌电焊工？为什么你的脚这么臭？如果你去分析消费者中到底有多少人会关心这些话题，结果一定是令人失望的。然而上述这些视频在全网播放量却都达到了数百万甚至千万之多。回形针开辟了一类全新的讲述科学知识的方式，它的选题和动画以及翔实的数据资料共同构成了其内容品牌，吸引了一批本来可能对冷门科普知识不感兴趣的受众。可以说，回形针的品牌定义了一个全新的品类，这个品类并不存在于任何传统意义上对人群和市场的划分中。

少数人热爱，而多数人被分流走，被别的内容品牌吸引。内容品牌不断涌现，也不断细分，永远都有未被满足的内容需求，也为内容创作者提供了永恒的机会。

我们做了一个艰难的路线选择：判断少数人热爱的内容品牌有更大的机会，而放弃短期流量的增长。接下来，我们将进一步探讨如何打造一个成功的内容品牌。

创作者

故事塑造角色，角色塑造品牌

"你还记得《美国队长2》的情节吗？"

问出这个问题的前提是，"你"一定看过这部电影，甚至是漫威的全部电影。

我发现，不管对方对漫威多么热衷，都很难很快回答我的问题。你可以尝试问你的朋友，或者把电影换成任何一部其他的电影。结果都是类似的。

但如果你让对方回忆美国队长的盾牌和装束，甚至问对方演员的名字，很多人都能快速给出正确的答案。

如果连漫威的大制作都无法让人记住故事情节，那么到底什么样的内容能让人印象深刻呢？

人类的记忆能力具有极强的选择性。对于记忆人物和标志，人类表现优秀，而对于记忆事情的来龙去脉，不管这件事多么惊天地泣鬼神，都表现很差。

这也是认知心理学中情景记忆和语义记忆的区别：长时清晰的情景记忆，即对具体情节的清楚记忆，往往需要亲身经历和深刻感触；而语义记忆则是当我们学习和接触新事物时用到的，并非以具体事件来进行记忆，而是通过抽象思维进行记忆编码，比如一个概念或一种感觉，这是我们可控的记忆方式，因此我们会对一个故事里人物的印象更深刻于故事情节。

回到内容品牌上来，让人印象深刻的内容品牌应该是内容背后或之中的人物角色以及和这个角色相关的符号和标识。最伟大的创作，小说、电影、动漫、游戏、音乐，包括大量的非虚构创作，留给人们最深刻和长久的印象一定是其塑造的角色或创作者本人。

我经常举的另外一个例子是迪士尼的米老鼠。只用画三个圆圈，一大两小，两个小的搭在大的上面，就几乎能让孩子们惊呼米老鼠来了。这是迪士尼伟大创作的结晶，它历久弥新，带给无数家庭欢乐的记忆。无论这三个圆圈画在什么地方，都能再次让人感到愉悦——这是迪士尼梦幻般的乐园和衍生品生意的坚实基础。

而塑造这些令人记忆深刻的角色，则一定需要伟大的故事。故事让角色和受众之间建立了关联。人们在欣赏故事的时候，会形成角色扮演的心理，把自己投射到故事背景中去，伴随角色的起起落落和悲欢离合，产生对角色的理解和记忆。好的故事会更加吸引受众，让他们更沉浸和专注地理解角色——故事塑造了角色。

但当受众从故事中走出来——电影散场、舞台谢幕、掌声响起的时候，他们就会回到自己的现实生活中。对现代社会的消费者而言，他们每一秒钟都在接收大量新的信息和内容，很快就可能遗忘掉故事的细节。这就是为什么我在开头问到的那个问题，大部分人都很难在第一时间给出正确的回答。这并不是故事讲述本身出了问题，这就是今天的创作者面对的市场环境——我们永远不能假设受众会有十足的注意力和记忆力。

这里说的故事，并不一定是那种王子和公主的叙事结构，而是一种泛指。你的创作中，无论题材如何，其实都是在讲述一个又一个精彩的故事。用故事讲道理，用故事举例子，用故事让内容变得更充实，用故事让受众更能代入自己。

不要把宝押在故事本身上，而是用故事来塑造角色。

创作者

拥有 1400 万粉丝的抖音 Vlogger 末那大叔，用二百多条短视频记录了一对父子的日常生活。粉丝们并不能记住某一条 Vlog 的具体情节，但每一条 Vlog 都会加深观众对一米八九的温情大叔和时髦爷爷这对父子的印象，让观众感觉他们的人物是真实和有温度的，这种中国式的父子亲情近在咫尺。

非虚构类的内容也并不例外。不难发现，能够广泛传播的道理本身就创造了一种形象化的记忆。纳西姆·尼古拉斯·塔勒布（Nassim Nicholas Taleb）先后出版了几本关于风险和不确定性的书，但最为人所知的就是《黑天鹅》。这个形象来自这本书序言的一个几百字的小故事：如果仅仅凭借过去的观察和经验来总结，就会得出世界上没有黑天鹅这个结论，但一旦黑天鹅出现，就可能颠覆过去成百上千年的经验。也许大部分读者一辈子都不会见到这种生活在澳大利亚的天鹅，但它已经成为一种标准的比喻，用来描述世界上发生的各种不确定性。

有趣的是，很多人在读过塔勒布的几本著作之后都会发现，他的另外几本书，如《反脆弱》《随机漫步的傻瓜》，思想同样精妙和深邃，但在流行度上都无法和《黑天鹅》相比。以"黑天鹅"为名，又产生了大量的衍生和解读的内容，数不胜数。这就是一个好的角色或形象能够带来的价值。

角色或者形象，本质上可以理解为一种"梗"。前文讨论过，梗是对内容的压缩。在这里，这种压缩的方法是通过符号化来完成的。我们把内容的长度和深度压缩为一个简单的符号——可能是美国队长的盾牌，也可能是黑天鹅——然后让这个更容易记忆和传播的符号成为原始内容的代言，以最初的受众为传播的原点，向外传播和复制。

内容品牌则是"梗"中最特殊的一种：它是以主角的身份登场的，可以说是内容最重要的梗，除了传播能力之外，它也定义了内容的调性和价值观，在吸引受众的同时，也进行筛选。最终通过极少的、形象化的品牌来完成对受众的占领。

Come for the story. Stay for the character.（为故事而来，为角色而留。）

这就是内容品牌能够和消费者建立长期信任和记忆的秘密。这并不是要让内容创作舍本求末，角色和形象的塑造一定来源于好的内容。但我真心希望看到好的内容能够通过塑造角色和形象，不断沉淀和积累，而不是在变幻莫测的流量潮汐中随波逐流。

与平台共舞：信息流中做品牌

内容品牌的力量是强大的，当一个创作者拥有自己的内容品牌的时候，他很可能已经登上了内容创作的高峰。除了吸引粉丝，平台也会抛来橄榄枝，希望能够与他塑造的品牌深入结合。

从平台的视角来看，这是一种非常自然的策略。活跃、特点鲜明的内容品牌不仅意味着粉丝的流量，更会带来不断发酵的圈层文化，文化造梗又会激发意想不到的混剪创作。一个顶级内容品牌的价值是无数个平庸的自媒体号都无法比拟的。

回到创作者的视角，在与平台共舞的过程中，创作者可以抓住什么样的机会？我们的观点没有变化：我们会坚持对品牌的长期投入。平台将提供更大的舞台，让创作者塑造更令人热爱的形象，打造更有价值的内

Come for the story. Stay for the character.

为故事而来，为角色而留。

容品牌。

相比传统媒体而言，线上内容平台有诸多优点，比如成本低、人群广等，但它也有一些问题，特别是对希望打造自己内容品牌的创作者造成了困难。内容平台的产品形态主要以各种各样的信息流为主，又可以分为以机器算法为主的推荐流和以粉丝兴趣为主的关注流两大类。无论你的内容品牌是什么样的，信息流都是我们需要深入理解的发展环境。

字节跳动系的今日头条和抖音两大产品是推荐信息流的典型代表。这类产品的特点是从用户第一次打开起，几乎不需要用户做什么事情，就开始用算法基于用户的观看行为来推测用户的内容偏好。用户只需要手指一滑，就可能已经扫过数个内容卡片。这是一种碎片化的、被动式的消费，分配给每个创作者的时间和空间都非常有限。

这时候，内容的生存之道就变成了吸引眼球的爆款逻辑。我们提到算法的时候，总爱用"千人千面"这个说法，但实际上真正的效果可能是千人百面，甚至千人十面。这背后的根本原因是：算法依靠足够多的数据来形成对每个人喜好的预测，而参与进来的人越多，就越能提供更多的数据，从而为算法提供更多做预测的"素材"。行业中把这种参与者越多，数据越多，从而每个人能获得更好的推荐的效应叫作"数据网络效应"。这里的问题在于，对相对小众的内容而言，参与消费的用户很少，无法提供足够多的数据，算法也难以形成有效的预测。这就是为什么推荐信息流更热衷于推荐热门流行的内容，而无法做到真正的千人千面。

极客公园的创始人张鹏曾经在一次演讲中讲过这样一个例子：如果内容是千人千面的话，为什么十亿人却只有一个湖南卫视？这个问题问得简单直接，它背后讲出的真相是：内容的爆款逻辑仍然流行，而算法

创作者

推荐的信息流很大程度上是这种爆款逻辑的极致。这一点和我们之前做出的选择出现了冲突：为了追求短期的爆款，我们将不得不面对"多数人不讨厌"的窘境，而不是在做长期的品牌积累。

创作自己的内容，打造自己的品牌，而不是成为算法的"打工人"。我们再来看看另外一种信息流：关注。

关注信息流相对"古典"，它要求用户自行通过发现喜欢的创作者，并以主动关注的形式建立一种"订阅"关系来接受未来的内容更新。某种程度上，它和传统媒体的报刊订阅或电视频道没有太大的差别，一旦用户关注，就能保持相对稳定的关系。它最大的问题其实在于关注之前，用户如何发现创作者，也就是冷启动的问题。为了解决这个问题，平台一般都会设计类似微博的"转发"功能，用社交好友之间的推荐进行发现，或者通过搜索、算法推荐、编辑推荐、热榜等形式来提供内容发现的管道。无论是哪一种，都要求创作者在内容质量和差异性上积极投入。

如本章前面所讲到的，内容品牌的打造更需要能够找到真正热爱这个内容的少数人，并和这些人建立起长期的关系。关注流相对而言更容易实现这个目的，但推荐流的确在流量规模上要更大一些。目前的内容平台基本上同时具备推荐和关注两个信息流，而且这两类信息流也不断相互借鉴，有走向融合的趋势。比如说，如果用户在抖音上关注了一个创作者，那么他也有更大的概率会在推荐信息流中刷到这个创作者的内容。反过来，越来越多的关注流也会加上算法推荐来帮助用户过滤自己关注的内容中质量较差的那一部分，甚至会改变默认的时间倒序排列。

平台的策略也在不断地变化。对点击率的单一关注已经不再奏效，对内容品牌的孵化和培养也是越来越被重视的战略。推荐和关注的两大派系或许最终会走向更深的融合，它的目标仍然指向更优质和更可持续的内容生态。

有一种说法，如果你是世界上最好的深海潜水运动员，那么总会有人上门邀请你去打捞沉船中的宝藏。在信息流中做内容品牌，如同深潜大海，做少数人真正热爱的内容，带领你的粉丝一探世界的奥妙，永远不需要担心无人青睐。

"小宇宙"矩阵：1+1＞2

在本章的最后，我们将用一点篇幅，展示内容品牌的更高境界：宇宙和乐园。它听上去宏大而遥远，却是顶级创作者已经成功打造的现实。在内容创作竞争愈发激烈的今天，我们应该把视野放得更加宽阔一些。

在本章开头，我们提到了迪士尼的案例，这家公司就是集宇宙和乐园为一体的超级内容公司。乐园即以主题公园为核心的线下娱乐和消费业务，整合了迪士尼旗下的多个角色和形象，在线下建立沉浸式的游玩体验。而宇宙自然就是指漫威宇宙。2009年迪士尼投入40亿美元收购了漫威这个以超级英雄IP为主体的内容品牌，其中包括数万个大大小小的人物角色，其中最为人熟知的是后来《复仇者联盟》中的钢铁侠、美国队长、绿巨人等角色。这些角色在十年中以电影、剧集和漫画等多种形式相互关联，构成了史诗般的漫威宇宙。其中，仅23部电影的票房总收入就已经超过220亿美元。

能够达到这样规模的"宇宙"，迪士尼又是独一无二的。但随着漫威

创作者

宇宙的成功，内容产业看到了一种新的可能性：多线叙事，塑造多个角色，然后再相互并联，建立更大的叙事，并进一步增强角色的塑造。《复仇者联盟》成功塑造了不同的英雄形象，以及他们之间的恩怨情仇。这和传统的超级英雄角色不同之处在于，这些角色因为彼此之间的关联和对比变得更加有血有肉，每个角色都有明显的优点和缺点。钢铁侠和美国队长的对比，责任感、爱国主义、个人主义这些抽象概念就显得极为形象。这使得受众更容易产生自我投射和代入，对角色印象更加深刻。

这种多角色的内容创作方式还有一个优势，就是能通过多个角色的互相补充，覆盖不同需求的受众。这一点在韩国偶像团体中表现得最为突出。对 BTS（防弹少年团）的粉丝而言，BTS 整体是一个内容品牌，而很多人会单独喜爱团体中的某一个人，即所谓"独粉"，这个人本身也可能是一个内容品牌。"宇宙"模式的威力就在于此：它让角色和品牌的塑造变得立体化和网络化了。通过多个角色的变换组合，它能够避免内容品牌的单调和老化，不断为粉丝带来新鲜的感觉。如果是单一角色，改变是有风险的，极有可能因为前后不一致让老粉丝产生不适，破坏内容品牌的风格连贯性和真实感。多角色的"宇宙"则如同为粉丝徐徐展开的地图，总有新大陆可以探索、发现和喜爱，从而构建出更加丰满和立体的内容品牌。

这些成功的案例并非仅仅在电影和流行音乐这些高度产业化的领域中出现，在个人创作者中也越来越多。举例：YouTube 上的 Mr. Beast（野兽先生）[1] 可能是粉丝增长最快的创作者，他的创作方式可以说开创了一个线上版的真人秀，他邀请自己的朋友和粉丝加入他的节目，并围绕自

---

[1] Blake Robbins，https://blake.substack.com/p/who-is-mrbeast。

己成功打造了多个角色。类似的例子也出现在快手和 B 站上：快手上不同的"老铁"之间会互相上对方的直播；B 站的美妆 UP 主 Benny 董子初、九玖酱、是你的霹雳、莲龙青 Kudos、就是热啊等人，经常会联合拍视频、推出联名产品，甚至日常生活在一起，拍摄一起旅行的 Vlog。创作者们的联合和互动创造了新的内容本身，带来 1+1>2 的效果。

"宇宙"的例子随处可见。在内容创作中，以老带新，形成矩阵，可以说是非常常见的做法。比如在微博时代，很多自媒体的账号矩阵都是这么经营的，几个账号互相点赞、转发，可以快速累积粉丝数量。但这些做法并非从"内容→角色→品牌"这条路径出发的。因此，除了流量之外，并未能够形成自己的"小宇宙"。现在，特别是在视频和直播的媒介形式更加成熟的时代，创作者更容易展现和塑造角色和形象，而多个角色之间的联动则让角色塑造更加立体，也更容易"出圈"覆盖到更多的受众群体。某种程度上，宇宙像是一种局部网络效应，更多角色加入进来，每个角色都能享受到更多的红利。当然，角色的数量一定有上限，超过了这个限制可能会适得其反。

即便不能构建星际史诗，也可以打造自己的小宇宙。这很可能成为创作者打造内容品牌的必经之路，而绝非少数人的秘密专利。

从一开始从自身特点出发建立个人垄断，我们的创作之旅已经走到了建立内容品牌和"小宇宙"的里程碑。值得欣喜的是，在经历了无数次迭代和碰撞之后，你仍然坚持为"少数人"创作，创造他们深爱的形象。这种不懈的长期投入即将开花结果，我们将在下一章展开对商业模式的探索。我知道，你可能已经对内容如何赚钱有一些想法，而如何能长期获得更大的收益，却是少有人知道的秘密。

06

订阅:
基于信任的长期商业模式

订阅,就是在"恰饭"的同时,
不伤害你与受众的信任关系。

在这一章，我们打算深入谈谈内容的商业模式。

《广告狂人》（Mad Men）是一部经典的美剧，长达七季的篇幅，以广告公司SDCP的创意总监Don Draper（唐·德雷珀）的职业和生活为线索，描绘了二十世纪六十年代美国麦迪逊大街上的广告风云。那是广告公司的黄金时代，最聪明和体面的年轻人都想加入一家广告公司，把自己无处释放的奇思妙想转变成驱动动辄百万美元的广告创意投放。这部剧集除了剧情和人物塑造之外，还以服饰和布景著称，每一件华服和道具都经得起考究，甚至反过来影响了当时的时尚趋势。这些看起来无关的细节，实际上正是彼时广告行业巨大经济影响的投影。

美国的二十世纪六十年代的确是一个令人发狂的年代。1962年，90%的美国家庭已经至少拥有一台电视，而这个数字在二十世纪五十年代初还只有9%[1]。二十世纪六十年代中期，彩色电视开始普及。三大无线电视台（ABC、CBS和NBC）在经历了十多年的努力后，终于从本地媒体跃升为可以覆盖全国的大众媒体。电视取代了报纸和广播，成为影响美

---

[1] The American Century, accessed January 3, 2021, https://americancentury.omeka.wlu.edu/items/show/136.

创作者

国公众认知的最重要的媒体。

生意人肯定不会缺席这样的盛宴。佳洁士、百事可乐、麦当劳和大众汽车，这些今天听起来耳熟能详的品牌都在这个年代里通过各种充满煽动力而又带着小聪明的双关语成为全美家喻户晓的名字。这些品牌背后，是一个以创意为中心的广告创意的高光时刻。1963年，David Ogilvy（大卫·奥格威）的《一个广告人的自白》出版，被翻译成了14种语言，销量达到了百万册，也是这个时代的精彩侧写。

那个年代，制作更多的内容，吸引更多的受众，销售更多的广告，几乎成为所有媒体公司的商业信条。

半个多世纪过去了，今天的内容平台在商业模式上也鲜有突破。创作者成为新的制作人，以内容赢得受众，然后再通过接受广告赞助的形式，获得收入。创作者会想尽办法来让广告植入变得不那么突兀，或者控制"恰饭"内容的比例，设定广告赞助商的标准。尽管如此，还是有可能因为"恰饭的姿势不对"而遭到批评。

看上去，创作和"恰饭"之间出现了水火不容的冲突。但真实情况是，人们并不反对内容的商业化，但对商业化是否会反过来影响内容质量抱有担忧。我们此刻谈论的商业模式，建立在创作者已经建立了内容品牌的假设之上。这就意味着，受众已经对内容产生了稳定的品质预期，而不恰当的广告植入，就可能影响这种预期，成为隐形的慢性病，侵扰内容品牌的长期价值。

我们当然不会用短期利益来换取长期价值。创作者和"广告狂人"之间存在着本质的差异：创作者需要直接面对粉丝，维护长期关系；而"广告狂人"则是站在广告主和媒体之间的中介人，按单收费。我们后面的讨论将进一步揭示，这些差异会带来商业模式上的巨大分歧。

创作者：商业的新界面

如果观察广告行业整体的收入，会发现一个有趣的现象，广告市场规模长期稳定在 GDP 的 1% 左右。换句话说，你可以认为它是在整个经济规模上抽取的一笔手续费，平均费率就在 1%。

如果把今天和"广告狂人"的时代进行对比，就会知道，这个看起来稳定的比例之下潜藏着结构性的变化。

五十年前的宝洁还在向家庭主妇推销香皂，可口可乐刚刚从二战前线回到美国本土开拓消费者市场，当年的美国消费者面对的是一个正在重建中的经济，品牌的数量、产品的花样、营销的手段、媒体的选择，都是稀缺的。美国的三大广播电视网服务了几乎全部电视观众，节目的种类也鲜有什么新花样。稀缺的对立面，是旺盛的需求。刚从世界大战中走出来的消费者忙着设计他们的生活方式，尽管在当年这些生活方式看上去有些单调，甚至可以说是千篇一律的。品牌制造商们还需要数十年的努力才能提供更充足的选择。

二十世纪六十年代的美国，具有年轻的人口结构、重新觉醒的个人意识和蓬勃发展的文化和经济。1963 年，马丁·路德·金在一封信中再一次提出了"美国梦"的概念，让它真正地进入了美国人的头脑里。在那个"广告狂人"的黄金时代，媒体、品牌和零售渠道，催促着热火朝天的流水线，批量产出整齐划一的大众性产品。这是一个重要的转折点：整个

创作者

世界第一次真正见识了规模经济的威力，原来利润是以这样的方式滚滚而来，无可阻挡。

几十年后的今天，这个繁荣的世界已经全然不同。新一代消费者拥有成千上万倍于以往的商品选择，更可以组合成无限种生活方式，并用这些组合来表达自我。规模经济仍然存在，却变得更加个性化了。稀缺发生了转移：从供给的稀缺，变成了需求的稀缺——并不是绝对数量的降低，而是相对比例的稀释，每个人都想要成为自己，而不是成为电视屏幕上的所有人都认识的某种套路。

创作者就是在这样的宏观背景下应运而生的。内容不再是自上而下、千篇一律地编导，而是自下而上、个性特异地涌现。创作者让每一个消费者找到了能够代表他们个性化生活方式的内容，而不是以仰视的姿态观望金字塔尖上的少数超级明星。

创作者成为消费者和品牌之间的新界面。他们本身就是品牌消费者中的一员，又通过内容和消费者建立了信任关系。这个界面让从品牌到消费者的B2C链条变得更为简单和直接，反应迅速，打法精准。

由此，新一代品牌诞生了。这些品牌身段更加灵活，产品配方可以针对不同人群突出特点，善于通过创作者的界面在特定人群中引爆并建立纵深。它们不仅仅是在借用创作者来植入广告，更可能是通过玩梗和混剪成为内容和文化的一部分。这些品牌的新玩法让每个消费者都感受到自己被个性化优待了。

创作者改变了商业和消费者之间的关系：从一种广播扩音器式的强行插入，转变为一种量体裁衣式的主顾关系。规模经济仍然存在，而个性化也被兼顾了。大规模的定制化（mass customization）在创作者的穿针引线下变为现实。在这个崇尚多元和个性的时代，单调乏味的商业摆脱了整齐划一的流水线即视感，而换上了彰显自我的新界面。

内容商业化的基础：信任关系数字化

创作者手中有一个永远不会重复的万花筒，带领我们在内容中发现更大的世界，认识远方未曾谋面的朋友。同时，这些内容也为商业提供了优质的交易环境，特别是在内容品牌的背书下，商业得以与消费者建立信任关系。

这就是内容的两重商业价值：发现和信任。在流量为王的年代，发现的价值更加显性，也更受到重视。但随着流量红利消退，商业竞争加剧，"发现"仅仅能给消费者留下浅薄的印象，而在永不停歇的信息流中，这种印象甚至难以活过三十秒。

而信任，则一直是千百年来所有交易的基础，它的价值愈发明显了。

人类的信任关系是复杂的。在人类社会的发展过程中，信任关系逐渐发展而超越了生物学意义上的血缘关系，延展到纷繁多样的社会关系中，成为商业和交易的基础。因为，人们一方面是作为社会动物天生就具有一种互惠的倾向，另一方面则是因为在不断的社会进化中，人们发现信任会带来更大的繁荣。

信任是人类社会最大的网络效应。它是人类社会自组织和正反馈的基础网络。越多人选择互相信任，就越容易达成长期的、更大范围的合作。因为信任，人们聚在一起，形成组织，沟通协作，创造更大的价值。而内创作者改变了商业和消费者之间的关系：从一种广播扩音器式的强行插入，转变为一种量体裁衣式的主顾关系。规模经济仍然存在，而个性化也被兼顾了。大规模的定制化在创作者的穿针引线下变为现实。

在这个崇尚多元和个性的时代，单调乏味的商业摆脱了整齐划一的流水线即视感，而换上了彰显自我的新界面。

容，则是负责在网络中传递和沉淀信任的载体，它让一对一、面对面的沟通，变成多对多，穿越时空的故事、知识、思想、信念和契约。

内容让信任网络获得极大的拓展，而创作者的出现又在改变信任网络的结构。从明星代言，到KOL（关键意见领袖）背书，再到KOC（关键意见消费者）种草，这些内容及其背后的创作者的影响力已经成为消费者进行消费决策的主要依据。我们亦能从中看到消费者对创作者的信任关系在发生迁移：从中心化的、仰视视角的明星崇拜，逐渐变成去中心化的、平等交流式的关注和订阅。人们超越了熟人社交的小圈子，而依循自己的个性，发现自己喜爱的内容，认识背后的创作者，建立起更广阔的连接。

创作者就这样成为信任网络中的超级节点。

创作者带来的信任价值远远超越了流量广告带来的发现价值：广告，本质上是一种"推送"，是一种"不请自来"，这也是为什么我们经常会对它有一些反感。我和一些在消费方向的创作者交流的时候，他们告诉我，那些做得最大、最成功的消费类内容的创作者，都会站在自己的粉丝一边，以自己的品位，为他们精挑细选最好的商品。所谓"种草"或"带货"，更像是一种买手或者导购的服务，而非推销或广告。消费者首先对创作者产生了人格化的信任，之后更愿意参与到他们的内容中，购买他们推荐的商品或服务。

这种信任关系，以"订阅"关系的形式数字化沉淀下来，作为一种极高价值的社交资本，为长期、深层和有机的商业模式奠定了基础。

近年来，在"全球工厂"的供应链的基础上，"新国货""新国潮"等新一代消费品牌快速崛起，而创作者则帮助它们打破了和消费者的"次元壁"，让双方的信任关系快速建立起来。

创作者的长期商业模式，就应该建立在这种以信任为基础，以订阅为连接，以内容为服务的形态上。

以订阅为中心的商业模式

基于信任，创作者除了可以提供消费决策，还可以开发多种内容服务，建立长期可持续的收入流。

内容可以满足学习、娱乐、陪伴等多种场景需求。此类内容创作的商业模式在过去数年中发生显著的变化，其根本原因是由于部分内容创作者脱颖而出，率先建立起"内容品牌"，建立了和消费者之间的长期信任关系，从而让自身具备了为内容本身付费的价值。从早期"得到"的知识付费，到后来知乎盐选会员的内容付费，再到方兴未艾的在线教育课程等，都可以认为是品牌化的内容以提供服务的形式向消费者收取费用。内容品牌在全球范围内有更多的形态：比如 Patreon[1] 和 Substack[2] 这两个平台，为内容创作者赋予了建立自己会员订阅体系的能力，而 Gumroad 和 Stripe 聚焦在更便捷的支付功能上，Teachable 和 Skillshare 则帮助技能或课程类的创作者提供课程制作、分发和变现的能力。

此类模式的关键词就是"订阅"。订阅在一定程度上固化了创作者和

---

[1] 一个众筹网站。
[2] 付费订阅平台。

消费者之间的信任关系，是一笔真正有价值的社交资产。以订阅为中心的商业模式，就是要把收入模式和订阅用户结合起来，在"恰饭"的同时，不伤害信任关系，让内容品牌的价值长期产生收益。

订阅模式从纸媒时代就由来已久。2005 年，《纽约时报》第一次在网站上推出付费订阅的功能，但在两年后就取消了这个功能。当时互联网行业的主流看法是，增加付费后造成流量下跌，对广告收入的负面影响会超过付费订阅的收入。订阅模式在当今互联网被消费者接受，经历了将近二十年的时间。

在 2011 年，《纽约时报》再次推出了"付费墙"功能。它针对使用次数收费：每月提供 20 篇免费阅读的文章，读者可以任意浏览选择；但超出这个次数限制后，就需要付费购买订阅会员。这个策略上线两年后，《纽约时报》的订阅收入就超过了广告收入，这是几十年来的第一次；不到五年，在线订阅用户突破百万，这是一个在纸媒上花费了一个世纪才达到的数字；到 2020 年，《纽约时报》已经拥有超过 700 万的付费订阅用户，预计到 2025 年将会超过 1000 万。

《纽约时报》的成功让整个内容行业再一次看到了内容品牌的价值。在流行的规模经济和网络效应之外，品牌一直都是可以长期构筑的护城河。尽管《纽约时报》在规模上无法和 Facebook（脸书）相比，但它所服务的读者具有清晰的定位和长久的信任关系，在此基础上形成的付费订阅模式也足够支撑这家一百五十年历史的报纸在数字时代乘风破浪。

随着创作者经济的日益繁荣，我们看到越来越多的创作者开始尝试选择付费订阅的模式来沉淀和粉丝之间的关系。在国外有 Patreon、Substack，为视频、音乐、邮件通信等各种类型的创作者提供简单易用的订阅会员管理工具。而国内也出现了知识星球、冲鸭、爱发电等几家新兴平台。

我们在前文已经列举了不少案例，但有人可能担心这些案例过于特殊。的确，以订阅为中心的商业模式是有一定的门槛的，独特的内容品牌，与消费者的信任关系，都是发展这种商业模式的基础。如果你回想本书在前面的章节中反复强调的真实感和独特性，对社交资本的累积，以及用梗和混剪与粉丝打成一片，都是在为商业模式的成功构建做铺垫。这个过程并不是随便成功的，它需要一段时间的坚持投入，但也并非遥不可及。

自 2020 年的春天起，我也开始运营一个基于订阅的邮件通信 Platform Thinking+[1]，大部分内容免费，少部分收费。在过去的一年时间中，我从为自己整理阅读和思考的笔记开始，为自己创作，并逐步向小部分社交媒体上的好友分享，一直到建立了上千人的免费订阅和数百人规模的付费订阅。由于内容定位的考虑，我并没有打算过分扩大订阅的用户群。现有订阅者的认同，以及他们自发的分享，构成了订阅增长的自然动力。和动辄百万千万粉丝的"大号"相比，这个规模微不足道，但好处在于，几乎没有人退订，这就意味着，订阅是一个每月不断增长的重复收入，而你的投入几乎是固定的，这是一个多么美妙的商业模式啊。

更重要的是，它慢慢变成了我的学习和社交模式，每周固定的阅读、思考和写作，让我获得了超越时空的和订阅者交流的机会。我时常会收到订阅者的邮件回复，就邮件通信中的某些问题进行亲切真诚的讨论，或

---

[1] 你可以在 https://pt.plus 找到并订阅。

者感谢我在某次内容中推荐了某本书，这就是鲜活的信任关系的体现。我预想，这可能是一个不断生长、经年常青的事情，其中的信任和品牌值得长期投入和经营。

互联网早期的"免费"模式是以流量为支撑的，对单个创作者而言，这种模式的天花板在于流量规模的上限。为了不断突破天花板，就要不断挑战流量的极限，这就是当年讲到的"眼球经济"或者"注意力经济"，以及为了博取眼球而出现的"震惊体""标题党"等乱象。

内容的长期商业模式应该构建在"订阅"之上。订阅是一种"信任经济"，只要信任关系在，就不用为下一个内容会不会火爆而焦虑。为你的订阅者创作，这是一群认同某种共同价值的人构建的小型社区，和他们保持长期、真诚、健康的关系，这就是"订阅"的意义。

"没有中间商"的订阅

订阅本质上是创作者与消费者之间的信任关系。这种关系是通过内容平台上的一条数字化关系而记录下来的。平台在一定程度上是创作者和消费者之间的中介，其越来越多地通过机器推荐算法来影响流量分配，让创作者和消费者之间原本直接的信任关系受到了影响。

平台通过算法和消费者建立了替代性的信任关系，消费者更加信任平台算法的推荐。今日头条早期的slogan（标语）是"你关心的，就是头条"，这八个字概括了机器学习技术对内容行业的底层冲击，意味着平台要求更强地掌控和消费者的关系。对消费者而言，这是一种千人千面的个性化，而对创作者而言，这意味着他们难以控制自己的内容以何种形式、在何种时机出现在何种受众面前，直接的信任关系被削弱了。

创作者

    这种权力的转移并不是不可逆转的。内容并非简单的字节流，它承载着人类丰富的情感和复杂的社会性。机器在内容理解上有颇多进展，但尚未能完全分辨创作的伟大和平庸。消费者并不会完全依赖机器推荐来消费内容，而是会保留自己的订阅列表。

    有一些声音认为，算法驱动的分发也会优先推荐一些消费者经常消费的内容。比如，在抖音的推荐信息流中，你常看的抖音号会更频繁地出现。这是否也是一种订阅关系呢？一种流行的观点认为，这种方式比让用户自己去点击"关注"或"订阅"按钮更先进，加速了双边关系的建立，并以此来解释抖音在全球范围的巨大成功。我对此持有保留态度。人主动的选择和行为仍然传递出更强的信号，而且它的表意非常明确：点击"关注"或"订阅"按钮，就意味着消费者主动表达了一种对创作者的认可和建立长期关系的意图，是一种"显式订阅关系"。这种意图和是否经常观看、播完率等指标是难以互相替代的。一方面，我们看到抖音仍然没有放弃"关注"按钮和"关注"信息流；另一方面，基于"显式订阅关系"的内容平台仍然是重要的产品形态，也同时拥有更茁壮的创作生态。

    内容平台之间的竞争从来没有消退过，这是这个行业长期以来的格局。在内容平台竞争加剧的领域，对于优质创作者的争夺就会变成主要矛盾。近年流行的"私域流量"的概念，就是这种竞争的体现：它重新调整了平台的角色和算法的边界，允许创作者和消费者之间建立更为直接和稳定的关系。为了增加自身分发系统的效率，平台往往会居中调度，有意或无意地阻碍这种信任关系的建立和维护。但微信公众号、Instagram（照片墙）等平台仍在长期坚守订阅机制，而较少使用算法干扰，最终让创作者获得更大的收益，平台自身也收获了繁荣的生态。

直接的、长期的、具有稳定预期的信任关系，才应该被认定为真正的订阅关系。希望长期经营的创作者，更应该深耕订阅，直接面对消费者，建立适合的商业模式。

订阅模式的选择：时间或金钱

订阅也有多种模式。在纸媒时代，内容的分发需要物理载体，从印刷厂到零售终端，这些成本都会构成订阅价格的一部分。而在线上，大量的订阅都是免费的，但付费订阅的商业模式也随着内容质量的不断提升而越来越普遍。这就形成了订阅模式的第一种分类：免费和付费。

除了是否付费之外，内容是否具有实时性也是分析订阅模式的重要维度，依此可以把内容分为同步和异步两类。同步的分发和互动，最典型的就是直播。创作者和消费者都处在同一个虚拟的时空中，内容的创作和分发是同时发生的，而消费者也可以通过弹幕等形式实时和创作者产生互动。这种类型的内容场景适合满足实时互动的需求，类似于一种提供服务的窗口，也是电商、教育等领域运用非常成功的形式。

按照以上两个维度，我们可以画出一个 2×2 的矩阵，把常见的一些内容形态都放进去。

1. 免费 × 异步：微信公众号、微博、快手、知乎、B 站。
2. 免费 × 同步：直播、微信群、视频会议。
3. 付费 × 异步：Patreon、Substack、知乎盐选会员、得到。
4. 付费 × 同步：在线教育直播课。

创作者

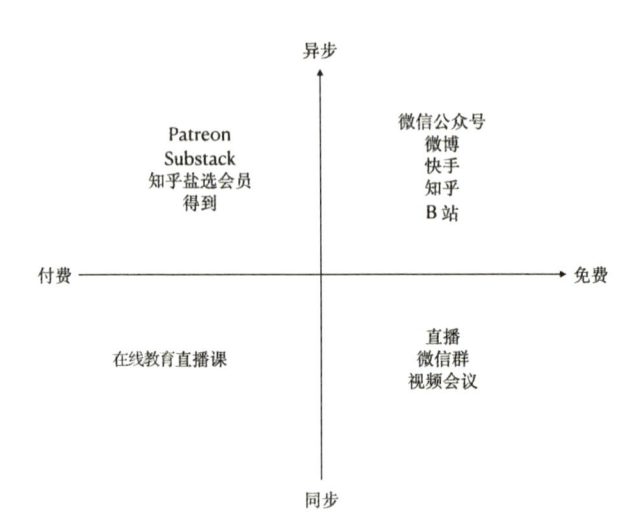

```
                        异步
                         |
            Patreon      |    微信公众号
            Substack     |    微博
            知乎盐选会员   |    快手
            得到          |    知乎
                         |    B 站
   付费 ─────────────────┼───────────────── 免费
                         |
                         |    直播
            在线教育直播课  |    微信群
                         |    视频会议
                         |
                        同步
```

  这个矩阵中的四个象限并不是平等的。显而易见的是，免费和异步的右上角最容易积累订阅规模，可以通过流量广告或交易转化的方式变现。但从变现的角度看，这种转化的变现效率相对较低，而且存在稳定性和持续性的问题。

  这时候，就要转向同步或者付费模式，这两种模式在时间和金钱两个方面对订阅者提出了要求：要么花时间，要么花钱。

同步模式

  同步模式的订阅的本质是：在时间份额（time share）的竞争上，具有更强信任关系的创作者将会抢占消费者的黄金时间的高度关注，这也是同步模式变现的核心。比如，直播电商就是一种用时间来为订阅支付的模式，薇娅在淘宝直播上吸引粉丝观看，需要消费者留出自己晚上的黄金时间蹲守在手机前，直播中互动频繁，稍不注意折扣商品就被一抢而空。如果稍加分析，就会发现，消费者并不需要付钱进入直播，却因为进了直播间而购买了薇娅推荐的商品。在直播间中花费的时间，最终又被商家以"坑位费"的形式买走，成为薇娅的收入。

消费者花费的时间到底值多少钱呢？经济学上有"机会成本"的概念，用这个人在这段时间可以做的第二好的事情产生的效用来衡量。比如说晚上八点你可以去看一场电影，但为了看薇娅的直播不得不放弃这个机会，那么看电影所获得的享受就是这段时间去看直播的机会成本。

直播要求消费者在特定的时间参与。对那些日常生活选择多、节奏快的消费者而言，成本通常是很高的；而对时间较为充裕的消费者而言，成本就是较低的。这无形中实现了一次"价格歧视"，或者说消费者和创作者的双向选择。另外，对同一个人而言，不同时间段的机会成本也不相同，也可以理解成不同的支付价格。

这就是为什么以直播为代表的同步内容模式是一种更深的订阅关系——它要求消费者支付自己宝贵的时间。理解了这一点，就会对直播电商中创作者和消费者之间的关系产生新的认知：这是一种会员订阅的关系，消费者支付了自己的时间"订阅"了主播的会员，而当会员数量达到一定规模后，主播就可以利用规模效应来和上游的品牌商拿到更低的价格，反过来回馈自己的订阅者。

需要注意的是，消费者之所以愿意以支付时间的形式来进行订阅，首要原因是对主播创作者的信任。这就要求主播能够站在消费者的角度来提供可信赖的内容服务，这是整个模式能够运转的基础。而主播并没有通过直播收取会员费，而是反过来向商家收取坑位费，这并不影响我们对

创作者

整个商业模式的判断：这仍然是一种基于信任的订阅关系，只是选择了通过向商家收取营销费用的方式来构建商业模式。

"同步＋付费"的模式则更进一步。这个模式的门槛更高，既要消费者掏钱，又要消费者投入时间。一般而言，消费者要有极强的动力才能在钱和时间上都进行投入。在线教育就是这样的一种内容类型：消费者为了实现自己的学习目标，会愿意花钱投资在在线教育内容上，为了保证学习效果，以直播互动的形式参与课程。而娱乐类直播则是通过打赏方式变现，利用娱乐内容的强吸引力来占据用户时间。不难发现，这两类直播内容的客单价都会比较高，因为这个模式的消费者门槛较高，需要在每个人身上获取更多收入。

付费模式

付费模式的订阅则可以说是对订阅者钱包份额（wallet share）的竞争。消费者越来越习惯于通过付费购买会员权益等方式来订阅自己信任的服务，创作者提供的内容服务也是其中的一种。定位独特的内容品牌会形成在特定内容供给上的垄断，并通过订阅锁定消费者在这个需求上的支出。

我们之前提到过的 Patreon 和 Substack 都是为创作者提供付费订阅管理的平台，国内新兴的创业公司，如爱发电、冲鸭也在提供类似的功能。这些平台上聚集了很多小众兴趣的创作者，比如手绘、动漫、电子音乐、播客等。消费者通过付费订阅的模式来支持创作者的持续产出。我非常喜爱的一个专门拍摄游戏制作幕后纪录片的视频创作者 Noclip 就是用这种方式获得资助得以持续发展的。

值得注意的是，付费订阅并不完全依赖于内容发布的数量或频次，而是更看重内容的稀缺性和质量。比如，Noclip 每几个月才发布一条新视频，给付费订阅粉丝的福利主要包含进入粉丝聊天室、幕后花絮和提前预览新视频，而这些权益需要粉丝每个月支付 3～30 美元不等的订阅费用，其中每月 30 美元档的订阅者可以获得在视频片尾的支持者名单中具名的权益。考虑到 Noclip 的视频都会在 YouTube 频道中免费播出，这些权益听上去难以构成让人掏钱的理由。尽管如此，也已经有接近 5000 名粉丝选择支持 Noclip。

如果你是一名游戏的重度爱好者，你就会理解这 5000 名付费支持者的心态。Noclip 深入采访了很多全球顶级游戏工作室的主创人员，还原了游戏设计、制作和发行幕后的难忘故事。从来没有任何其他媒体对这些内容进行过如此生动而真实的记录。如此高质量的创作，在 YouTube 却只有 55 万粉丝[1]，单条视频播放量在 10 万上下，如果按照 YouTube 的流量分成计划，收益难以支持精良的制作。粉丝们知道，付费支持是他们能够持续看到 Noclip 作品的唯一方式。

凯文·凯利（Kevin Kelly）曾经在《技术元素》一书[2]中提到"1000 个铁粉"的概念——一个创作者需要找到自己的 1000 个真正的粉丝。风险投资人 Li Jin 则进一步拓展了这个理论，认为 100 个铁粉，在付费订阅的模式下，就有可能支撑一个优秀的创作者。这里就必须更深入地理解"铁粉"的真实含义：这不是一种针对内容的付费模式，也就是说，定价

---

[1] Noclip 在 YouTube 上的频道是 https://www.youtube.com/channel/UC0fDG3byEcMtbOqPMymDNbw。

[2] 凯文·凯利：《技术元素》，张行舟、余倩译，电子工业出版社，2012。

创作者

不是根据内容的数量而来的。在 Patreon 平台上，粉丝和创作者之间是一种前者支持后者的关系；很多时候，创作者提供的内容非常小众，如果缺乏支持，就难以为继。在这种情况下，双方形成了一种互惠共生的关系，少部分粉丝愿意支付相对高的溢价来获得创作者的持续创作，这就是 100 个或 1000 个铁粉能够成立的原因。

如果深究这种溢价就会意识到，这是相对大规模生产模式而言的，是向原始的手工艺人模式的回归。在生活水平不断提升后，部分消费者意识到，随处可得的平价商品难以满足他们越发个性化的小众需求，价格上的"折扣"虽然不意味着品质上的"折扣"，但一定会在个性化上做出妥协。"个性化"溢价产生了，当它和内容品牌以及订阅关系结合起来的时候，内容创作就涌现出更多的可能性和可行性。

作为本章的总结，我们想提出三个问题，以帮助创作者更好地进行以订阅为中心的商业模式设计：

1. 你的创作是在满足较为小众的个性化需求，还是在满足较为大众化的需求？

2. 对于小众需求：潜在订阅者是否愿意用支付溢价的形式来保证供给的持续性？

3. 对于大众需求：潜在订阅者的时间机会成本是不是很高？

显然，对于第一个的回答，指向了是否选择直接收费，还是通过同步模式占领消费者的注意力。而第二个和第三个问题，则具体指向在付费模式中的定价和同步模式中对消费者时间成本的估计。无论哪一种方式，都需要认真地对内容和受众更深入地理解，并针对性地设计长期可持续的商业模式。

以订阅为中心，实际上就是基于信任的内容变现。限于本书篇幅，我们无法涵盖所有的商业形态，创作者的选择还有很多，包括版权运营、周边商品等。无论哪一种方式，都可以在订阅和信任上找到原型。我们难以为每个创作者量身定做，更希望能够授人以渔，让创作能够长期持续。

07

媒介升级:
如何应对变革与危机

新事物在刚刚出现的时候,会享有舞台上全部的荣光,而它真正的危机往往出现在"次世代",也就是诞生之后的下一个周期。

2014年，《纽约时报》公司内部出现了一份名叫"Innovation Report"（《创新报告》）的文件[1]。这份文件长达96页，是一份面向高级管理层的战略备忘录。

彼时，正是这些新一代媒体公司风头正劲的时刻。其中的代表公司BuzzFeed创办于2006年，和以往的新闻媒体最大的不同之处在于，它并不重视自己的首页访问量，而是通过把自己的内容分发到Facebook、Twitter等社交网站上，通过制造病毒式传播来吸引流量。BuzzFeed的编辑团队往往善于快速捕捉网络流行的梗，关注分享率数据，内容上也往往是以列表式文章、动图、小视频等利于社交传播的形态来制作。

《纽约时报》的内部报告在开篇就瞄准了这些新媒体，并用一幅图表展示了主要竞争对手的读者增长，BuzzFeed在创办七年后，就超过了《纽约时报》这家将近一百五十年历史的大报。

---

[1] *The New York Times:* Innovation Report，https://www.scribd.com/doc/224332847/NYT-Innovation-Report-2014.

创作者

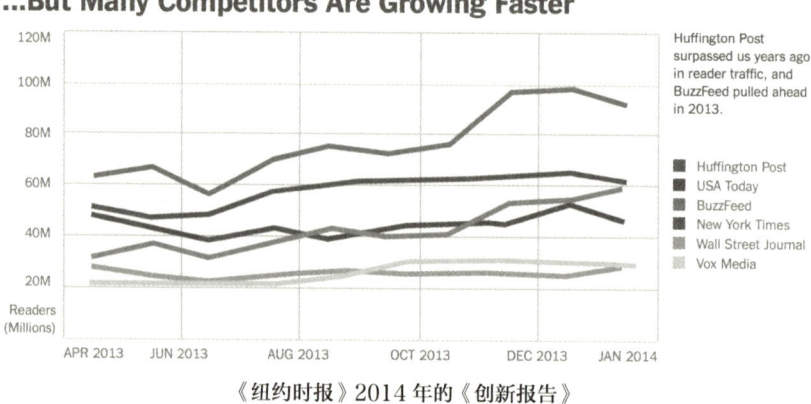

《纽约时报》2014 年的《创新报告》

  这是一次媒介升级的重大变革。Facebook 在哈佛校园创办的时候，没有人会想到，它会带来一次新闻媒介的重大变化：社交媒体的兴起推动了线上流量的重新分配，并进一步对内容制作的流程带来二阶影响。在搜索引擎的年代，《纽约时报》这样的媒体天然就具有更高的权重，从而出现在搜索结果更高的位置上。而在社交媒体的信息流出现后，人们更多地根据标题、图片、好友分享等很少量的信息来决定是否点击和阅读。BuzzFeed 的流量来源中，社交媒体流量占比高达 90% 以上。

  BuzzFeed 采取一种名为"标题测试"的编辑流程，它会让编辑为同一篇内容撰写多条标题，并用自动化的方式进行小流量测试，最终选择那个获得更高点击量和更多转发的版本。在 BuzzFeed 的办公室，你会看到每个屏幕上都闪动着各式各样的数据报表，而不是一般的新闻编辑室中那种稿件堆积如山的图景。创始人 Emerson Spartz 自称是一个新闻聚合者，而《纽约客》却认为，他更像是股市的日间交易员[1]。

在过去一个多世纪的内容行业发展史中，这样的媒介升级发生过很多次。每一次升级，都不是发生在内容行业内部，而是由外部技术驱动的。一般而言，技术变革会首先影响内容的分发，进而影响内容的消费，最后反向推动内容制作流程的改变。最后一点和创作者最为相关，也最难改变，也是我们要在本章深入讨论的主题。

变革：媒介的冷与热

媒介可以理解成承载内容的容器。

要研究媒介，就必须提到马歇尔·麦克卢汉的《理解媒介》[2]，这本最初出版于二十世纪五十年代中期的经典理论著作观察并分析了二十世纪上半叶快速发展的大众传媒行业。麦克卢汉在书中预言了他本人并未能亲眼所见的持续变化，很多预判都具有惊人的准确度。

麦克卢汉理论的核心是从受众对内容的参与程度来理解媒介的。

首先，他认为媒介的本质是技术对人体官能的延伸。换句话说，我们使用的电视、手机、耳机等，是我们的眼睛和耳朵的延伸，它们可以让我们看见和听见更多原本无法看到和听到的内容。

其次，他认为媒介都有冷热之分。越冷的媒介，其内容越需要受众

---

[1] *The New Yorker*，2015 年 1 月 5 日，*The Virologist*，https://www.newyorker.com/magazine/2015/01/05/virologist.

[2] 马歇尔·麦克卢汉：《理解媒介》，何道宽译，译林出版社，2019。

创作者

主动参与进去，以填补媒介本身没有提供的内容，比如一本哲学书，就是一个极"冷"的案例。而热的媒介不需要受众主动参与，只需要被动消费，比如一部肥皂剧，不用付出太多注意力即可消费。

多年以来，很多人都试图用这本书提到的理论来阐释内容行业出现的各种现象。最近二十年来，互联网为这种尝试提供了取之不尽的素材。风险投资就像夏天丰沛的雨水一般为各路创业者提供了补给，让他们把技术元素排列组合，造出种种不同的新媒介。文字、图片、音频、视频，长的、短的、同步的、异步的、实名的、匿名的、中心化的、去中心化的……这些媒介形态中，有一些固化下来，成为内容消费的主流形态，而大部分都因无法在大众市场上获得足够的成功，最终沉淀下来。

到了二十世纪八十年代，另一本重要的著作出版了——尼尔·波兹曼的《娱乐至死》[1]。这本书看到了电视（作为人类历史上真正达到大众规模的媒介）对内容创作和社会行为带来的深远影响。媒介在迎合受众的喜好的过程中，不断地自我加热，以更加丰富和高维的形态来填喂受众的娱乐胃口。在电视机前，无论内容本身是新闻、肥皂剧、真人秀还是纪录片，都努力让自己能够填充注意力可能出现的任何空白。观众无须思考，甚至无须关注电视屏幕上到底发生了什么，只需要靠在松软的沙发上享受即可。

这种积极推送的内容模式，实际上是对广播电台的继承。除去偶然出现的重大事件，电台节目通常是在日常生活中充当背景音的，它起到了一个陪伴的作用：人们可能是在准备晚餐，也可能是打发高速公路上

---

[1] 尼尔·波兹曼：《娱乐至死》，章艳译，中信出版社，2015。

的通勤时间。无论何种场景，都是在私人生活中桥接了来自另外时空的感观。好处在于随时打开，随时都有内容提供，几乎无须选择。其中穿插着的，是一起打包赠送、不请自来的广告插播。

紧跟电视脚步的是互联网。如果你还对二十年前的互联网有记忆，那么你可能会意识到，互联网同样经历了一个不断提高用户体验，提高内容消费效率的竞争性过程。最终，热媒介取得了全面胜利，并且把大半个世界的人卷了进来。

我们在消费内容的时候，大脑会通过主动预测来建立内容不同部分之间的关联。这个主动预测的过程，其实就是我们前面讲到的主动参与的过程。阅读一本抽象的理论书籍，我们需要不断地解析每一句话的意思，找出观点之间的关联。这就是一种主动参与的脑力投入，也通常会让我们觉得这样的阅读过程是疲劳的。热媒介则通过提供更容易预测和关联的内容来降低主动参与的难度和必要性，从而让内容消费变成一种消遣。

以最近几年很多人热衷的播客内容为例：其大量采取的几个人对话的形态是非常容易被大脑预测和关联的，因为人在社交沟通的状态下，很难用非常超乎预料的方式来进行回应。收听播客的时候，听众的大脑处在一种轻度的参与状态下，只需要跟随对话的展开，就能大概理解内容，即便没有完全聚精会神。这刚好满足了很多人在通勤、运动场景下无法全心全意投入但又希望有内容的陪伴的需求。

这和我们经常讲的内容的"干货"或者信息的"密度"都是一脉相承的逻辑。热媒介就是那些相对"水"的内容，在同样时长的内容消费中，无须投入太多的注意力进行主动参与。

创作者

乔布斯 vs 麦肯锡

乔布斯在苹果产品发布会上的幻灯片，可以说开创了一种 PPT 的设计风格。在宏大的舞台中央，每张幻灯片上只有一句话、一张图片或者一串数字，配上 Keynote 震撼的动画效果而蓦然出现在观众的眼前。

乔布斯是一个天才的演讲者。他在发布会上向全世界公布 iPhone 等产品的视频堪称经典，是我时不时会回看的殿堂级内容。他的演讲往往能够成功地引起观众极大的好奇心，制造悬念和戏剧冲突，并在所有人的情绪达到高潮的一刻，以一页简洁有力的幻灯片揭晓全部谜题的答案。以 2007 年发布第一代 iPhone 为例。他用三张幻灯片分别介绍了一个具有触控功能的大屏 iPod、一部革命性的移动电话和一个无线上网设备。然后，他告诉全世界，其实这是一个设备，它就是 iPhone。这个已经载入人类科技史册的瞬间具有极强的戏剧张力，但它没有办法单独以幻灯片的方式呈现。乔布斯的演讲脚本是这场盛大演出的真正灵魂，它完全忽略了 iPhone 背后复杂的技术特性和参数，也没有对比分析任何一个竞争对手，尽管这些内容经常出现在各种商业演示的 PPT 中。

与乔布斯幻灯片风格相对的，则是我们更多在工作场合看到的 PPT。以麦肯锡为代表的咨询公司为典型，这些 PPT 往往写满了密密麻麻的文字和图表，其标准是：当它们被打印出来，呈递给读者的时候，不需要作者在一旁做任何的解释说明，就能让对方毫无问题地读完并理解。这是有道理的，因为在商务场景中，PPT 极大可能是以邮件等形式单独发送给读者的（通常是客户或者老板）。所以，PPT 材料必须足够翔实和严谨，独立于作者的讲述，避免误解和反复沟通某些细节造成的时间浪费。实际上，这种内容形态比乔布斯的幻灯片要"热"非常多，尽管这种"热"并不能为大多数人接受。大量销售和推介类的内容都试图用紧密的叙事逻辑和丰满的数据图表来主动"推送"大量的信息给受众（往往也是决策者），以避免受众主动参与思考。

至此，两种幻灯片的冷热区别就不难理解。乔布斯的幻灯片虽然以简洁著称，但它实际上是一种极冷的媒介形态。如果没有乔布斯精彩的讲述，很多人无法联想出产品到底多么具有革命性。而麦肯锡的 PPT 则是极热的，以充足的细节替代讲述，每一个标题都极具信息含量。

用乔布斯的方法来撰写给客户或老板的 PPT 会收到什么效果呢？很可能不会看到什么效果——他们根本没心思搞懂你到底在讲一件什么事情。他们已经习惯了被翔实的材料占据大脑，看到这种空空如也的叙事逻辑，也不会想要主动参与。

这就为我们的内容创作树立了两种典型：一种是乔布斯式的简洁和"高冷"的幻灯片，另一种是麦肯锡式的翔实和"火热"的 PPT。

选择的关键在于内容的受众类型，以及内容被消费的环境。受众是不是想要主动参与，一方面是他们的主观意愿，另一方面也受到消费环境的影响。可以说，互联网上的大部分内容消费环境都越来越倾向于被动接受。在前文我们解释过，这样内容才能获得内在的规模经济，吸引最多的人来消费，从而获得最多的收益。

但也仍然存在一些特定的场景，受众会更倾向于主动参与，这时候乔布斯式的内容形态就能更好地调动受众的参与度，达到更好的效果。比如，小型直播或视频讨论会。这种形态往往被用于受众规模较小，内容话题较为垂直的场景中。在线教育、行业研讨等都有所应用。在这样的场景中，内容消费的主角实际上是受众本身，他们需要主动参与到学习、思选择的关键在于内容的受众类型，以及内容被消费的环境。

受众是不是想要主动参与，一方面是他们的主观意愿，另一方面也受到消费环境的影响。

考和讨论中，才能让整个内容体验达到最好的效果。这时候，内容如果准备得过于充分，则有可能让受众疲于接受大量的信息，难以跟随互动的节奏。我曾经主持和参与过一些这样的内容场景，过量的信息供给几乎完全打消了受众参与互动的欲望，场面极为尴尬。

通常而言，热媒介的创作过程更加复杂。因为它需要加入更多的原材料，以提供多层次、多维度的内容材质和感官享受。这时候，热媒介可以理解成是从冷媒介升级而来，经过组合、剪辑和熔铸而成。和视频创作者交流，你会发现他们的创作过程中有相当大的比例是在创作脚本，而脚本本身就是一种非常冷的媒介。而如果你把视频内容中的背景音乐单独挑出来听，或者关掉声音只看画面，都可能无法理解它在表达什么，一旦声音和画面结合起来，其意义表现就立刻跃然而出。热媒介实际上在创作过程中就完成了诸多相关的冷媒介的关联，受众在消费过程中无须再次进行主动参与和关联，从而降低了内容消费的门槛，于是更多的人能参与到内容消费中。

与之相对，冷媒介的创作则比较简单。以常见的图文创作为例，几乎没有什么门槛，随时随地都可以开展。这为创作涌现准备了庞大的创作者基数。这也是为什么无论影视还是游戏，高级形态的内容 IP 都往往从图文创作，比如小说、漫画等冷媒介形态演变而来。

从商业模型的角度看，热媒介的内容创作从冷媒介升级而来，用一次性的内容关联降低了所有后续消费者的参与成本。也就是说，创作者在内容制作的过程中，就完成了"加热"的过程，消费者无须再次付出理解的成本。如果创作者"加热"内容的成本足够低，产生出来的内容就能被更多人接受，媒介升级的创作就内含了规模经济。

创作者

对内容而言，承载它的媒介需要完成从冷到热的升级，才能获得更大规模的商业成功。热媒介更容易被普通消费者接受，这甚至与收入水平、教育程度等因素无关，它单纯是由人类认知模型决定的。在电视出现后，阅读就进入了一蹶不振的通道，而能抢走电视风头的，也只有可以刷个不停的手机。

技术是第一推动力

如果单纯依靠创作者的个人努力，效率便难以改进，技术仍然是媒介升级的第一推动力。在 iPhone 出现之前，拍照还是一件很"专业"的事情，需要购买单独的数码相机，学会使用 Photoshop 等后期处理软件。当时，最主流的媒介形态就是文字，博客、Twitter，甚至以照片分享起家的 Facebook 都以文字为主。而随着 iPhone 硬件功能的提升和 Instagram 等软件的流行，手机拍照变成了人人皆可参与、随手就能产出大片效果的表达形式。这其中的效率改进可能是几个数量级的，一下子就让整个互联网完成了从文字到图片的加热升级。

从 BuzzFeed 的早期成功来看，它无疑抓住了 Facebook 创造的媒介升级机会。2011 年，Facebook 连续发布了数项对信息流的产品升级，从好友社交动态转向媒体内容更新，从单纯按照时间顺序排列，转向算法推荐分发。这些微妙的变化，一方面让 Facebook 信息流产生了更强的黏性，用户除了看到好友发布的状态更新，还能够看到更多自己感兴趣的专业媒体生产的内容；另一方面，算法推荐更偏好那些更热的媒介内容，它们读起来更轻松，更容易吸引点击。

与《纽约时报》相比，BuzzFeed 的内容显然是更"热"的。这并不仅仅体现在标题文案和内容中更多的动图上，更体现在内容制作的全流程、组织结构和团队激励等目标上。BuzzFeed 的"标题测试"是一套由内容编辑、产品经理和工程师共同研发的内容管理系统，它可以极为高效地自动化完成从内容选题、策划、制作、发布、分析的全流程。

无独有偶，亚马逊的 Jeff Bezos（杰夫·贝佐斯）在收购《华盛顿邮报》后的第一件事，就是招募了一支顶尖的工程师团队，开发了代号为 Arc 的内容管理系统[1]，其设计原则和 BuzzFeed 有异曲同工之妙。比如，系统会通过爬虫来自动捕捉社交媒体上最热门的"梗"，并加入素材库中，等待编辑的选择和加工。大部分的内容，只需要在编辑器中简单拖拽就能完成。至于像 BuzzFeed 最为著名的在线测试（Quiz），也不需要一行代码，就可以快速创建和发布。最为强大的，还是深度整合在整个系统中的 A/B 测试，这个功能本来更多被用在产品研发的环节，而现在则被用来进行标题测试。

BuzzFeed 无法像《纽约时报》一样拥有遍布全球的新闻记者，但这并不妨碍它创造了引爆互联网的"裙子"梗。一张从社交媒体 Tumblr 上找来的条纹裙子照片，画质有些模糊不清，这是一个在线测试："这是蓝色 + 黑色，还是白色 + 金色？"就创造了 2800 万次单日访问纪录。

你甚至可以说，BuzzFeed 做的根本不是新闻，本质上是一种混剪。如我们在第三章中讲到，混剪就是由媒介升级引发的一种创作方法——由于媒介在不断被加热，内容就更需要丰富的层次，组合更多的素材。这个

---

[1] Arc Publishing 的官方网站上可以找到大量关于这个内容管理系统的信息，https://www.arcpublishing.com。

从冷到热的组合过程，正是需要技术手段进行辅助的。

创作者当然无法享有 BuzzFeed 或华盛顿邮报这样的编辑系统，但在媒介升级和内容加热的浪潮中，仍然需要不断通过技术赋能的创作工具来武装自己。每一次技术的迭代，都会让内容创作的成本产生几何级数的"坍缩"，进而让更多人卷入此类内容的创作中来。创作工具会驱使表达方式发生变化，从而影响创作者个人垄断的牢固程度，影响与新一代消费者的沟通界面，更会影响内容品牌的价值，而这种影响是不可逆的。

媒介升级的挑战并不只发生在《纽约时报》身上，它是每一个创作者都必须面对的挑战。跨越这个挑战是艰难的，同时也是对个人垄断和内容品牌的证明。古老的新闻报纸已经过时了吗？故事并不是这样发展的。

万变中的不变："你"

2015 年，《纽约时报》的又一份内部文档 "Our Path Forward" [1] 在媒体上被曝光。这份报告可以认为是一年前的那份《创新报告》的后续，一个名为 2020Group 的项目组也随之浮出水面。这份十几页的文档简略重温了时报面临的数字媒体挑战，但和一年前相比，信心增强了很多。报告开头讲到数字订户已经突破了 100 万，这个成绩的达成尤为令人欣喜：报纸花了一个世纪才达到这个里程碑，而网站和 App 只用了不到五年。

---

[1] *The New York Times:* Our Path Forward，https://nytco-assets.nytimes.com/2018/12/Our-Path-Forward.pdf。

在这一年中,《纽约时报》内部发生了巨大的变化。在制定了"数字优先"的战略之后,最深层次的变化在于新闻编辑室中越来越多地出现产品经理和工程师的身影。在媒介升级的剧烈冲击面前,一个独立于公司其他部门的新闻编辑室难以应对竞争。内容需要和设计、技术、数据、研发等部门紧密地结合在一起。对业务和组织的深入洞察,让"数字优先"不再是一句空空的口号,而是真正在内部协作流程、工具和平台、人才战略上落地开花。

新的报告由出版人 Arthur O. Sulzberger Jr.(阿瑟·苏兹贝格爵士)和执行主编 Dean Baquet(迪恩·巴奎特)等一众高管联合署名,可以说是一份媒介升级的亮眼成绩单。然而,这些高管很清楚,《纽约时报》面对的是成千上万的新媒体竞争者,他们在社交平台上以免费的价格向读者提供更加吸引眼球的内容,而《纽约时报》仍然要坚持它有些不合时宜的定价。坚持它超越价格的价值:值得付印的新闻。只有这样,内容才具有影响力,广告才能触达那些最有影响力的读者,而订阅数量才能不断增长。

如同我们在第五章讲到的,内容最终是一种品牌经营。它要求创作者坚守一种信念,而这种信念会吸引一群忠实的读者,不管是以免费还是付费的方式,来信任和支持这个品牌。品牌把这种信念具象成了一种可以彰显在外的社交资本。正如探索频道 Discovery 的创始人在刚开始向他的广告客户推销自己的电视频道的时候的销售话术:探索频道的观众向他的朋友讲到在这个频道看到的内容时,是充满自豪的。

在技术迭代的剧烈冲撞之下,媒介升级是每一个内容机构和创作者所面临的周期性拷问。一代新技术,带来一代新媒介。而在上一个周期中

创作者

拔地而起的巨厦就会在交替轮换中震荡起来。好巧不巧，消费者也在同一时期开始代际更迭。年轻人吵吵嚷嚷地登上舞台，抢占镁光灯和麦克风，让上一代显得因循守旧，不懂流行。

混剪的手法会发生变化，流行的梗会发生变化——内容创作的"手艺"总会发生这样或那样的变化，但万变之中，创作者是否有可以抓住的"不变"呢？

是的，你。我们在本书的第一章讲"个人垄断"的时候，曾经做出这样的判断：个人垄断是你的知识、个性和技能的独特交集，别人无法与之竞争。这种避免竞争的做法，在持续积累之后，成为你的内容品牌，这一点是无论如何都不应该改变的。

个人垄断是你的独有领地，而内容品牌则让你和世界建立起深厚的联系。这两点并不会因为媒介升级而变化。一方面，创作者需要学习新的技术和新的表达方式，另一方面，应该不忘初心，不断加固自己已经建立的护城河。

《纽约时报》在一系列的变革中，并没有变成第二个 BuzzFeed。新闻原则和内容质量，仍然是激烈变革中不变的原则。互联网没有守门员，或许 BuzzFeed 很擅长玩梗，但在新闻的及时性、质量和事实核查上，几乎是零分。然而，世界永远都希望及时获知事实，也需要对事实来源保持信任，《纽约时报》所坚持的对真相和事实的信念就是万变中的不变。

在这样的信念下，新闻编辑室和一整套严肃专业的采写流程仍然是数字化变革的核心。特写、采访、新闻摄影和视频等都是竞争对手无法与《纽约时报》相比的"个人垄断"，也构成了"一切值得付印的新闻"的内容品牌。《纽约时报》甚至发现，对于重大事件，通过把历史上相关事件的内容重新组织成专题，读者都会为之买单。

历史，既不是虚无的情怀，也不是变革的包袱，它是无法取代的资产。

《纽约时报》最不缺的就是历史。当这些历史和"数字优先"的变革相结合的时候，一系列奇妙的化学反应发生了。现场直击的采访报道与高质量的摄影，在互联网上得到了更优美的展现空间，而新闻消息可以通过手机App第一时间通知给数百万订阅读者，邮件通信、视频、播客，甚至传统的填字游戏都被数字化到了读者的手机上。原先的美食专栏也拥有了单独的App并需要单独付费订阅，因为《纽约时报》发现，此类"服务型内容"正是建立在强大的内容品牌基础上，而把美食和新闻拆分出来，既能更好地满足读者差异化的需求，又带来了新的收入增量。

普通的创作者或许没有这么多历史存档可以调用，但也应该注重形成内容之间的相互联系，从而在媒介升级的冲击下强化自身的品牌定位。"内容品牌"一章中讲到的"小宇宙"概念，就是通过系列化的角色和形象来增强自身内容品牌的厚度，通过开设子品牌或者新的系列，自然地把品牌延伸到新的媒介和新的受众群体。

专注于非虚构写作的"天才捕手计划"，在微信公众号上获得成功之后，积极拓展了知乎的付费专栏、直播、广播剧、短视频、漫画和纸书等多种形态，部分内容也走向了大银幕，其粉丝对游戏改编的呼声也很高。诚然，完成这一系列媒介需要很高的成本，但我们可以从中看到，好内容具有穿越周期的价值，可以以多种媒介形态得到更多次的价值开发。

对内容的多媒介开发的确是内容创作的重要发展趋势，更是各大平台重点投入的技术方向。算法已经能够更好地理解我们的创作，并且能够

创作者

辅助创作者更低成本、更高效率地完成媒介升级。在所有的媒介中，文本占据了一个独特的位置，因为它的创作成本最低，也几乎没有什么表达的限制，创作者可以天马行空地放纵自己的想象。

现在，自然语言理解的算法能力已经能够比较好地理解文字创作，然后自动生成对应的图像和声音，并最终把它们整合成更高级的形态。知乎已经率先把这项技术开放给所有的创作者，在知乎写下的回答，都可以一键转成视频，这个功能在本书出版的时候，应该已经更加完善。我们还看到帮助网文创作者自动根据文字生成动漫作品的技术，也已经相当可用。微信读书等阅读平台中的听书功能，也大量采用了人工智能的合成语音，在语气、语调等方面，都非常逼真，节省了大量制作有声读物的时间。

这些技术，只会让创作者的发挥空间更加广大，也会让真正好的内容品牌更加长青。这就更加让我们思考，什么才是需要坚持的万变之中的不变？得到了这个解答，就无惧媒介升级的挑战。

危机和挑战：开放的时刻

2020年的《纽约时报》可以说已经成功地完成了数字化的媒介升级——数字收入早已超过了纸媒收入。订阅一路上涨，在近700万名订阅者中，绝大部分都是数字内容的订阅者。在2020年的疫情和选举乱象中，《纽约时报》仍然是最值得相信的新闻媒体，收入保持高速增长，市值一度突破80亿美元，超过了任何一家新媒体公司。而BuzzFeed等新媒体公司则在 2019 年和 2020 年连续宣布裁员。

2020 年 1 月 28 日，《纽约时报》刊登了一则简讯，宣布了一项并不起眼的人事变动：BuzzFeed 的主编 Ben Smith（本·史密斯）以专栏作家身份加入了《纽约时报》。Ben Smith 加入一个月后发表了一篇专栏文章[1]，其中写道：

> 我很怀念十年前那个开放的时刻，当时我们是新玩家中的一员，正在重塑新闻的意义。

的确，媒介升级会带来"开放的时刻"，它会把时空撕开一条裂缝，让前所未见的新技术和新体验冲进来。在二十世纪，这个周期是数十年；在世纪交替之时，周期缩短到了十年；而在这个世纪，变化在以五年甚至更快的速度发生。技术革命和消费者的代际更替交杂在一起的时候，就会诞生崭新的物种，BuzzFeed 就是其中之一。

新事物在刚刚出现的时候，会享有舞台上全部的荣光，而它真正的危机往往出现在"次世代"，也就是诞生之后的下一个周期。我们把这种危机称为"次世代危机"[2]，最初提出这个观念的学者 Alexander Rose（亚历山大·罗斯）这样写道：

> 对任何持久的东西来说，最危险的时候其实就在它建成后的一

---

[1] https://www.nytimes.com/2020/03/01/business/media/ben-smith-journalism-news-publishers-local.html.

[2] https://blog.longnow.org/02020/10/21/the-data-of-long-lived-institutions/.

代。它不再是一个新的、酷的东西；它是你父母做的事情，它不再酷了。而直到再过几代人之后，大家才会重视它，这主要是因为它已经很古老，很可敬，已经成为一种文化标志。

每一代创作者都会享有"开放的时刻"。新的技术和新的表达方式很可能成为一种时代潮流，从博客到微博、播客，再到视频，每一次媒介变迁都会涌现出一大批创作者。而在潮起潮落之间，大部分人会归于沉寂，只有少部分人能够坚持下来，穿越周期，打败媒介升级的挑战，渡过"次世代危机"，成为真正的内容品牌和文化符号。我们用了整本书的篇幅反复讲述一件事：如何能够让创作变成一件长期的事情。回答这个问题并不容易，因为内容毫无定式或边界，它当初有多么开放，未来就有多么无情。

长期主义的创作者需要坚守的，是自己最初设立的"个人垄断"。《纽约时报》的出版人在 1896 年写下"一切值得付印"的新闻，就确立了这样一种"垄断"。未来只有一件事是确定的：世界会变得越来越不确定。《纽约时报》所坚守的新闻价值本身具有一种反脆弱性，它以此为内核还击了百年多来数次翻天覆地的媒介升级冲击。

BuzzFeed 的剧情反转出现在 2017 年底，Facebook 宣布将改变信息流的算法，更多推荐好友发布的消息，而对新媒体内容进行降权。这个变化是 Facebook 在面临 Snapchat 等新一代社交平台的竞争所做出的应对反应，BuzzFeed 成为平台之间竞争的连带牺牲品，自此一蹶不振。

我们毫不怀疑，媒介升级会更加频繁，也更加猛烈地降临。它就像嘀嗒作响的时钟，定期敲响，再一次打开涌现的时空大门。这是创作者所需要面对的永恒挑战，也是本书最后一章的主题。

附：《纽约时报》的媒介升级时间线 [1]

- 1996 年 1 月 22 日，《纽约时报》网站 NYTimes.com 上线。
- 1997 年 10 月 16 日，《纽约时报》首次增加了彩色摄影图片内容。
- 2005 年，上线首个数字订阅产品：TimesSelect，主要包含了部分专栏作家的文章，读者需要支付每月 7.95 美元（或者每年 49.95 美元）才能阅读这些内容。这个模式很快被证明是失败的：专栏作家认为这个做法让他们难以触达应有的读者，而一些作者甚至选择将内容免费发布在自己的博客上。两年后，时报宣布停止这个项目。行业中弥漫着一种说法：对线上内容付费造成的流量和广告收入损失根本无法被数字订阅收入弥补。
- 2007 年，率先缩小印刷版面，每年带来 1200 万美元的成本节约。
- 2008 年发布 iPhone 版本的 App；2010 年上线 Android 和 iPad 版本；内容免费，但包含广告。
- 2011 年，时报再次上线了付费墙功能，面向最频繁使用网站和 App 的读者：每个月前 20 篇内容免费，超出之后要支付至少每月 15 美元的订阅费。这个模式后来被行业广泛采纳，也成为教科书级别的"价格歧视"案例。
- 2012 年 12 月，《纽约时报》网站刊登 "Snow Fall"（《雪崩》），这是一篇关于 Tunnel Creek（特纳尔溪）雪崩事件的报道，整合了高质量

---

[1] 参考了维基百科的相关词条 https://en.wikipedia.org/wiki/The_New_York_Times_Company.

我们用了整本书的篇幅反复讲述一件事：如何能够让创作变成一件长期的事情。

回答这个问题并不容易，因为内容毫无定式或边界，它当初有多么开放，未来就有多么无情。

的图片、视频、互动图表等多种媒介形态。无论是在今天还是当时来看，都是在线新闻内容的标志性样板。

• 2013 年 1 月，Snow Fall 报道获得了美国新闻的最高荣誉普利策奖。同期，时报宣布订阅收入在几十年后再次超过广告收入，成为第一大收入来源。

• 2014 年，首份面向"数字优先"的战略报告出现，报告分析了《纽约时报》面临的数字化新媒介的激烈竞争环境，并提出改革新闻编辑室，把读者数量增长作为首要任务。

• 2015 年，第二份战略报告 Our Path Forward 发布，宣布数字订阅用户突破 100 万，成立 2020 小组，设定了五年内，数字收入翻一倍达到 8 亿美元的目标。

• 2017 年，第三份战略报告 Journalism That Stands Apart[1] 连同出版人及主编署名文章 The Years Ahead 发布，在肯定了变革取得的成就后，继续推动面向新闻质量标准的一系列组织和流程变革。

• 2020 年，截至第三季度，订阅用户近 700 万，绝大部分都是数字内容的订阅者。

---

[1] https://www.nytimes.com/projects/2020-report/index.html.

8

涌现:
崭新的世界,闪耀的群星

创作,由"你"开始;
浪潮,则由"我们"共创——
创作者,就是我们找到的解答。

《纽约客》的专栏作家 James Surowiecki（詹姆斯·索罗维基）在 2004 年出版了一本名为《群体的智慧》[1]的书。在这本书中，他讲到了一件既为人熟知而又被忽略的事情。

《谁想成为百万富翁？》(Who Wants to Be a Millionaire?) 曾经风靡全球电视屏幕，在中国，类似的节目是央视的《开心辞典》。这类节目的规则非常简单，选手上台回答 15 道问题，从简单到困难，涉猎各个学科的知识，如果全部答对，就能获得不菲的奖金，如果有一道答错，就淘汰出局。选手可以使用三次特权：第一种是在四个选项中去掉两个错误答案，这样会把答对的概率提高一倍；第二种是邀请一位场外专家帮助，但谁也无法保证这位专家一定可以给出正确答案；第三种则是让现场观众投票，选择最高票数的那个选项。

很多人可能会像我一样觉得，第三种特权简直就是节目组用来骗人的，它听上去像是把自己即将到手的财富权利交给一群陌生人。而前两种特权则可以相对确定地提高答对的概率，让选手在成为百万富翁的路上更进一步。

---

[1] 詹姆斯·索罗维基：《群体的智慧》，王宝泉译，中信出版社，2010。

群体，并不像早年的一些经典著作所认为的，是乌合之众和群体癫狂，而具有充足的智慧，是很多难题的解答。

James Surowiecki 却在书中给出了一组令人吃惊的数字：第二种特权中，专家的建议平均能够答对 65% 的问题，而随机挑选的现场观众，以投票的方式，却能够达到 91% 的正确率。这意味着，第三种特权几乎是"保过"的通关神器。

从现场观众中挑选任何一个人都可能无法完成所有问题的挑战，但当这些普通的个体把各自的回答聚集在一起的时候，奇迹就发生了，智慧无中生有般涌现出来。

群体，并不像早年的一些经典著作所认为的，是乌合之众和群体癫狂，而是具有充足的智慧，是很多难题的解答。

我们一直在寻找解答。知乎上最初获得高赞的那篇"后宫文"，到现在仍然让人不得其解。到底是什么力量在暗暗涌动，让创作浪潮中不断涌现出这样的意外？创作者又应该如何在长期的创作旅程中抓住这种难以预期和控制的机会？这是我们在本书序章就提出的问题，在终章，我们将从宏观视角给出答案。

答案来自群体。

涌现之源：群体

"谁想成为下一个百万富翁？"

节目本身就是一个引人注目的问题。如果问问观众，可能很多人都会举手，但很少有人真的自信可以答对 15 道问题。任何单一个体的智慧都是渺小的，除非他们能够被某种连接重新组织，成为群体的智慧。

创作者

个体的连接，会产生质的变化，让部分之和大于整体，这既是群体的智慧，也是涌现的来源。群体，并不是个体的简单相加，而是他们的相互连接和有机组织，碰撞、融合、反馈，最终跃迁，形成涌现。关于涌现的讨论，最早可以追溯到古希腊的哲学辩论，到了现代，又被自然科学和社会科学加以深入，生动地表现了群体的智慧和力量如何带给自然和社会惊人的改变。群体具有单独个体所不具有的整体特质，这些特质不是个体行为的放大和复制，更可能会呈现出一种变异的形态。Kevin Kelly 在《失控》[1]一书中写道：

> 涌现这个概念表现的是一种不同类型的因果关系。在这里，2+2 并不等于4，甚至不可能意外地等于5。在涌现的逻辑里，2+2=苹果。

这些看似荒诞的话语揭示了涌现所具有的惊人力量。

如同我们所观察到的潮水，自远方的平静海面，无数水滴互相推拥，形成无数方向各异的细流，之后又彼此抵消、融合和汇集，变为更大的波浪，反复如此，推波助澜，终成浪潮。当你在浪潮之巅感受到颠覆之力时，再次望向远方，海水仍然平静而神秘，一切突如其来，又不知从何而来。

谁在决定潮水的方向？

"我们终将改变潮水的方向。"这是创作者"新世相"的口号。稍做修改，就是我们给出的解答：我们终将决定潮水的方向。

---

[1] 凯文·凯利：《失控》，东西文库译，新星出版社，2010。

这句话极具号召力,"我们"代替了"我",群体超越了个体,共同决定了潮水的方向。在涌现形成的过程中,个体之间相互作用和反馈,在潮水的形成中不断自我修正,最终达到临界点,用物理学的术语讲,就是"相变",即群体的状态发生质变。

潮水,正是由无数涌动的水滴组成的,它们彼此簇拥,不知所往,一些方向被推动,而另一些乱流被抵消。地球的转动、风力、地形,这些宏观因素会对潮水的方向产生影响,但对水流而言,这些因素并不可知。在它们自发的运动中,潮水最终合成一个共同的方向,让每一滴水的力量都被看见。

随波逐流,这个词似乎是有一些消极悲观的意味的。然而,如果你是潮水中的一滴水,这可能客观描述了一种状态。涌现之美,在于从自然生发,到自我实现。从个体随机的行为,经过反馈的调整,彼此影响,积少成多,层层放大,终成巨浪。

潮水并不由谁有意发起。任何一滴海水都难以发动一场浪潮,但它们自发的流动共同促成了最初的波澜。我们讲到的"个人垄断",就是每个创作者个人特点的集合,这些特点本来就是自然生发,真实无华,所以无可复制,难以替代。经过创作者的持续经营,雪球越滚越大,最终成为品牌,甚至建成宇宙。

前文中很多成功的例子已经证明,成功的关键在于坚持真实的自我,创造个人的垄断。决定潮水方向的正是个体之间的反馈。正反馈会激励和强化那些对群体而言更有价值的行为,而负反馈则会抵消那些无意义的尝试。

"社交资本"就是这样一种反馈机制。内容平台不仅仅把数量众多的潮水，正是由无数涌动的水滴组成的，它们彼此簇拥，不知所往，一些方向被推动，而另一些乱流被抵消。在它们自发的运动中，潮水最终合成一个共同的方向，让每一滴水的力量都被看见。

消费者与创作者连接起来，更让消费者成为创作的一部分——以社交互动的形式提出反馈。创作者一边积累社交资本，获得最初的流量资源，一边建立粉丝文化，碰撞出能让内容高能复制的"梗"，创造出更多"混剪"的可能性——创作者之间也彼此建立起连接，加速创作的融汇。

关于"反馈"，Brian Arthur（布莱恩·阿瑟）在《复杂经济学》中这样表述：

> 正反馈可以说是复杂系统的定义特征，或者更确切地说，正反馈和负反馈同时存在、共同作用，是复杂系统的定义特征。如果一个系统只存在负反馈（在经济学中，这就是收益递减），那么系统很快就会收敛到均衡状态，表现出"死的"行为。如果一个系统只存在正反馈，那么系统会偏离均衡，表现出爆炸性行为。只有在同时包含正反馈和负反馈时，系统才会表现出"有趣的"或"复杂的"行为。在正反馈的作用下，各种相互作用会相互叠加，形成某种结构，在经过一段时间后，又会被负反馈作用抵消，最后消失。因此，结构形成，然后又消失，其中有一些结构还会进一步继续发展，或者导致进一步的结构形成。这样的系统才是一个"活的"系统。[1]

内容平台的价值就体现在如何设计和搭建这个"活的"系统上。尽管算法推荐提高了内容分发的效率，但也在某种程度上打乱了粉丝和创作者之间的连接秩序。我们认为，创作者的长期价值在于建立一种和粉丝

---

[1] 布莱恩·阿瑟：《复杂经济学》，贾拥民译，浙江人民出版社，2018。

之间的长期信任关系,而这正是"内容品牌"所要承载的价值,也是基于"订阅"的商业模式所必需的。创作者和平台之间的共舞,是创作旅程中的重要选择,而我们的一贯观点就是做长期主义的选择,沉淀和粉丝之间的长期而直接的关系。

快速回顾本书的大致内容后,你或许会发现,前面提出的所有概念无非是在描述涌现产生的各个阶段。创作,由"你"开始;浪潮,则由"我们"共创。群体是涌现的源泉,而它是无数个"你"连接而成的。这些连接又将构成一张新的网络,让创作的灵感彼此激发。

彼此照亮的繁星:创作者的网络效应

唐宋时期的长安城,文艺复兴时期的佛罗伦萨,十九至二十世纪的巴黎和二十世纪下半叶的洛杉矶,有什么共同特征?

它们在不同的时代都曾经是创作者聚集的地方。正如海明威眼中的巴黎,是一场流动的盛宴。繁荣的城市,吸引着最伟大的诗人、画家、作家和明星,他们的生活和创作彼此交织,彼此激发,如同夜空中的繁星一般彼此照亮。

如果你去阅读文学、绘画或电影艺术的发展史,就会惊讶地发现,这些繁星之间往往有着千丝万缕的联系,他们可能是朋友或者师生关系,或者干脆共同创作过某些作品。即便未能直接认识,也会因为艺术风格而产生深远的影响。创作并不是独自前行的旅途,而是群星璀璨的社交俱乐部。

2020年的初冬，中国美术馆策划一场名为"异域同绘"的展览，把日本浮世绘和中国清代木版年画放在一起展出。或许是我对我国民间的年画太过熟悉，怎么也想不到它竟然会对日本的浮世绘产生影响。更没有想到的是，这种风格竟然再一次远渡重洋，影响了法国印象派大师莫奈和凡·高的作品。展览巧妙地把这些风格之间的传承、影响和流变安排在一起，让艺术创作的血脉浮现出来。这是几个世纪前的海上贸易建立的网络，它不仅仅让丝绸和茶叶风靡全球，也让天津杨柳青的工匠和巴黎的画家产生了思想上的连接。

这就是创作者的网络效应。这张网络在今天已经不再需要大航海，全球互联的内容平台上，每多一个创作者，其他的创作者都会因此受益。

这似乎和常识不符，在内容创作的激烈竞争中，每一个新创作者的加入，都好像在让赛道变得更加拥挤。

如果你是在为自己的"个人垄断"进行创作，那么竞争就并不存在。如果你认识到"混剪"的创作原理，就会发现，所谓"竞争"实际上是一种协同，创作者为彼此提供灵感和素材，整个网络都更加繁荣。

知乎最先在图文上证明了这一点。很多人没有思考过，简单的问答为什么能够带来如此多高质量的内容。实际上，一个好的提问能够激发出极其高能的创作灵感，而在同一个问题之下，先发出来的回答又有可能激发后续的创作。当一个问题下面产生了足够多的回答后，它又会引发更多的关注和曝光，从而滚雪球一般产生难以预计的连锁反应。

抖音的"拍同款"功能则是短视频的证明。一条视频的模板、音乐、特效可以被无数其他的创作者再次使用，作为新创作的起点，再加上自己的创意，成为新的创作。混剪在抖音上被发挥得淋漓尽致，进而诞生了

创作者

剪映这个专门服务抖音的创作工具，上线短短一年就突破了千万的日活跃用户量。

从平台角度看，混剪的创作模式增强了创作者网络效应。因此，为混剪而设计创作工具成为重要的发展方向。无论是文本、图片、视频还是音频，创作工具都在尽可能地简化把不同来源的素材进行整合的流程。对图文创作而言，记录和组织大量的素材并让它们有机地结合是问题的关键。而对视频而言，创作者可能需要多种形态的素材，甚至结合多种创作工具进行前期准备，最终再整合到一起。内容平台还在二次创作的版权开放上做出了很多努力，让之前的创作能够参与到未来创作的混剪进程中，再一次创造价值。

随着媒介的不断升级，内容创作的复杂程度和消费者对内容的要求都在快速提升。创作者和平台都需要思考，如何更好地利用混剪带来的创作者网络效应从而降低内容创作的成本。对图文内容而言，创作者甚至只需要纸和笔，就可以在三尺书桌上写出一片天地。而对视频以及更高级的媒介形态而言，创作对技术和软硬件的需求大大提升了。拍摄一段好的视频，除了要有好的创意，还需要拥有过硬的拍摄技术、相应的器材与光影的配合、演员和道具的准备等，单单是找好取景可能就要花费大量的时间和金钱。

几乎所有的内容平台都开始重新投入到为混剪而设计的创作工具的竞赛中。机器学习、自然语言处理、计算机视觉和增强现实等技术的突破性进展正在为创作者提供更好的工具。在这一次的进化中，技术增强的协同创作替代了单打独斗式的重复劳动，进一步释放了创作者网络效应的能量。

08 涌现：崭新的世界，闪耀的群星

最新一代的创作平台的形态可能远超我们的想象：Roblox[1] 和《Minecraft》[2] 是年轻一代的课外活动。他们不仅仅在其中游玩，更在其中创造。我们在第一章提到的年轻的波兰开发者 Antoni Kepinski 正是在玩 Minecraft 的时候开始了他的程序员创作生涯。而游戏平台 Roblox 在申请上市的文件中公布，在过去十二个月中从平台上获得收入分成的游戏开发者和创作者数量已经逼近百万。要知道，开发一款游戏并非易事，Roblox 的创作工具已经让参与游戏创作变得如同搭积木一般轻松，无怪乎很多领先的学校和家庭把 Roblox 当作培养孩子逻辑思维和协作能力的一项训练，让孩子们在创作和游戏中感受到网络连接的力量。不难预见，这些孩子中间会涌现出下一代最杰出的创作者。

从长安城到好莱坞，再到未知的虚拟世界，闪亮的群星正在涌现，崭新的世界正在诞生。

自己的解答：创作者真正的价值

崭新的世界需要涌现的观念。涌现从不在微观的个体层面进行归纳和预测，而仅关注群体的智慧可能引致的必然。

本书讲到的所有理论和方法，都建立在涌现的世界观上，它需要创作者保持真实和独特，并持续积累，直到相变发生。消费者则在涌现带来

---

[1] 一个在线创作游戏的平台。
[2] 一款沙盒建造游戏。

创作者

的多元选择中寻找更加个人化的解答，这让自顶向下的传统内容工业难以招架，而新一代创作者群体愈发猛烈地涌现。

爆款必然涌现，它只是在长尾中分布不均。在新的时代，创作者和消费者比之前更偏爱长尾了吗？还是他们仍然在追逐爆款？

这是内容行业中永恒的辩论话题。有两本书就是以这两个概念为标题的：

《爆款》是哈佛商学院教授Anita Elberse（安妮塔·埃尔伯斯）出版于2013年的著作，列举了大量的案例讲述为什么爆款或者说少数的头部内容是最有价值的，并用来自音乐、视频、移动应用等多个行业的数据来佐证她的观点。

另一本书则是克里斯·安德森出版于2006年的《长尾理论》。这本书曾是殿堂级别的商业畅销书，也在很大程度上影响了一代企业的商业模式设计。书中预测，随着线上化程度的加深，由于互联网理论上并不具有实体货架的展示空间限制，人们消费的产品将会越来越长尾化。

两本书隔空交战，《爆款》这样回应《长尾理论》中的观点：

> 对那些倚重爆款策略的内容制作商而言，他（指Chris Anderson）口中的这些变数无疑就是噩耗。不过，实际数据反映的市场演变趋势和安德森的推测截然不同；这对投注爆款而非利基内容的人来说，还是非常幸运的……销量分布的尾部空间并没有变肥。相反随着消费者在线购买量越来越大，虽然曲线尾部越变越长，却也明显越变越细了。与此同时，爆款产品的影响力不仅没有被削弱，

反而还越发加强了。[1]

这也是今天创作者必须面对的现实：线上内容平台仍然具有向头部集中的趋势，关注、搜索和算法推荐三种主要的流量分发模式都没有降低爆款的价值，爆款不断涌现，而且每一次都能聚集更高的能量。长尾或许比之前更长了，但爆款也变得更加重要了。如果观察爆款内容的特征，又发现它们之间差异极大，难以归纳和总结，更不用说找到什么可以复用的套路——这又是涌现在作祟。

这让我们看到了一种异于往常的现象：创作者创造了内容的参差百态，不仅仅在长尾上，更是在爆款上。最引人注目的创作，不再是流水线式的工业化复制，而是"个人垄断"式的独特表达。不再有人能够提供炮制下一个爆款的秘方，但还有谁真的需要吗？

YouTube 在 2005 年上线之初，采用了 Broadcast Yourself（广播你自己）的口号，配上红色的电视机图标，宣示了这家当时还名不见经传的小网站的真实意图：你的电视机（Tube 在英文俚语中是电视机的意思）。但它口号中的 Broadcast 一词更具深意。二十世纪八十年代前，广播电视（Broadcast TV）是极具垄断性的存在，美国的三大广播电视公司几乎控制了全美观众的电视屏幕。此后，HBO 等有线电视台出现，消费者才终于开始有更多的选择，但这些电视台也很快被并购整合在少数传媒集团手中。YouTube 允许任何人自由上传视频，赋予了每个人简单易用的工具，从而让普通人也可以拥有一家广播电视台。它将 UGC 的浪潮推向新

---

[1] 安妮塔·埃尔伯斯：《爆款》，杨雨译，中信出版社，2016，第 177 页。

创作者

的高度，为无数创作者提供了无限的舞台。

YouTube 前首席商务官罗伯特·金奇尔在《订阅：数字时代的商业变现路径》一书中写道：

> 早期的 YouTube 是一个多元且充满灵感的地方。你永远不会知道首页上会出现什么内容，总能发现意外的惊喜。但是正因为所有人都可以在这里参与创作，每个 YouTube 视频都在争夺有限的观众注意力。正如其他任何生态系统，如此激烈的竞争会促使其中的成员占据更独特的生态位。YouTube 上有一些非常主流的内容类别，比如体育、音乐或电影。但是我们有很多类别的细分程度会超出你的想象，比如专门介绍肥皂雕刻技巧的频道，展示飞机驾驶舱视角的频道，还有一种频道会专门播放壁炉在燃烧时的噼啪响声。

上面的任何一个例子，都不能称为爆款。YouTube 为每一个创作者开辟了自己的频道，为每一个频道以醒目的红色添加了"订阅"按钮。Casey Neistat、Ali Abdaal 等一众创作者在这里建立了自己的个人垄断和内容品牌，他们算是爆款吗？或许是的，但他们的视频播放量无法和黄金时段的电视节目相比。这种比较本来就毫无意义，比起千篇一律、千人一面的播报，创作者真正的价值在于为不同的消费者提供了个性化的内容，为每个人的生活找到了各自的解答。

无须争论的是 YouTube 成为全球第二大搜索引擎的事实。一位在硅谷工作生活多年的朋友告诉我，他浏览器的默认搜索引擎就是 YouTube，而 YouTube 多元的内容从来没有让他失望过。在中国，知乎、微信、快手、B 站等内容平台都已经成为消费者普遍采用的"搜索引擎",尽管它们在创办之时,并没有以一个搜索引擎的定位进行设计,但由于涌现而来的创作者,让天下再没有难解的问题。

"个人垄断"是自然的馈赠,它让每个创作者都魅力十足,而各自成篇。拥有涌现视角的创作者的确不会再为爆款和长尾之争而烦恼。

消费者呢?他们早就对大众口味的"爆款"不感兴趣了,他们希望在"长尾"中寻找自己的解答。

创作者,就是我们找到的解答。

创作者，就是我们找到的解答。

后 记

涌现面前，保持敬畏

2019 年的春天，我们突然观察到知乎上有一篇内容流量异常。这是一个长达数万字的回答，是一位创作者"梦娃"发布在问题"为什么后宫中嫔妃们一定要争宠？"下面的。我们没有人听过这个名字，问了各个团队的很多伙伴，没有人曾主动为其增加曝光机会。我们发现，这个回答的流量中相当一部分来自站外。各种来源不明的访问，让它迅速成为一个热点，赞同数飙升，评论区里面出现了大量追更的读者。

长期以来，知乎被外界广泛认为是一个知识社区。知乎上的创作的确以专业知识的分享为主导，没有人想到，会有人在知乎上问"为什么后宫中嫔妃们一定要争宠？"这样的问题。更没有人想到，会有一篇火出圈的"后宫文"出现在知乎。

创作者

　　这个问题最初是在 2018 年 9 月提出的。2019 年 4 月登上知乎热榜。自此开始，这个问题下面不断吸引了更多的创作者。梦娃的创作也经过数次增补和续写，最终达到将近 8 万字的篇幅，定名《宫墙柳》，出版和影视改编的版权也被专业机构一抢而空。

　　"后宫文"是我们始料未及的，但它的出现也在情理之中。这篇回答文笔优美，情节反套路，不同于很多网文平台上动辄百万字的创作，它只用了几万字的篇幅就完成了故事的起承转合。梦娃不是一名日更万字的网文作家，她在学校主修文学专业，来知乎创作只是偶然。当她看到嫔妃争宠这个问题的时候，已经有两千多个回答，来自各个不同的角度，有人在写小说，也有职场分析和组织管理剖析等。梦娃读了一些小说，觉得不过瘾，于是动了自己创作的念头，她并没有想到这个回答会火，毕竟已经有上千条优质回答了，所以写得比较任性。但这个爆款却出乎意料地被知友们追更，在微博和 B 站也传播开来。

　　后来我们发现，在知乎社区上还有很多类似的虚构创作，有的续写《三体》，有的改编《三国》。2019 年被誉为最具美剧质感的《长安十二时辰》也是起源于马伯庸的一篇回答。

　　"编故事"是很多网友对知乎的善意调侃。这些创作虽然并非知乎最初设定的内容题材，但它却在平台上与你不期而遇。每一天平台上都会出现新的、难以按照既有规则处理的创作。没有人能够预测新的创作出现在哪里，以什么形式和题材，造成什么样的反响。

后记 涌现面前，保持敬畏

从"高赞"说起

如果回顾过去十年的变化，"梦娃"的故事并不算少见。而站在今天展望十年之后，也很难以预测眼下发生的变化会引发什么样的连锁反应。的确，预测下一个十年，有时候比预测下一个世纪困难得多。

过去十年，内容平台为成千上万的创作者搭建了舞台。他们或者获得了分享的乐趣，或者结识了人生的伙伴，或者开创了未来的事业，或者赚到了第一桶金。"高赞"作品的涌现，在互联网数字生活中不断出现，推动这一切的，不是动辄市值百亿美元的内容平台，而是以意想不到的方式涌现出来的创作者。他们带来各自的故事和创意，成为我们生活的有机组成部分。内容正在成为这个世界上最强大而隐秘的力量，可以无声无息地逆转一个人的命运，也启发了无数聪明的头脑和善良的灵魂。

涌现，一个从哲学走到科学的概念，恰如其分地描述了我们在创作者身上看到的态势。创作是自发的，因此而独特。这样创作出来的内容和专业媒体相比，或许还欠火候或雕琢，甚至很多时候表现出一种粗砺感，但这并不妨碍我们喜欢上这些看上去有些"业余"的内容，更爱上创作内容的人。这些人像是邻家的小哥哥、小姐姐，生活在我们当中。我们乐于给他们各种形式的支持，从点赞、关注、收藏，到购买他们推荐的商品，为他们的作品打赏付费。我们也会在评论区和微信群里讨论他们最近的创作，甚至不留情面地提出批评。

内容创作对生活的渗透，不是最近十年发生的事情，百年来的大众传媒发展早已让社会文化和大众生活与媒体和内容结合在一起。真正的不同在于：内容创作不再是少数"业内人"的工作，而是多数"普通人"的

创作者

生活。

　　一个多世纪以来，从电话、电报技术开始的通信技术革命点燃了媒体走向大众的火种，电视让内容消费成为每个人生活的中心，但内容制作和生产仍然是"业内人士"的事情。数十年来，报刊、图书、电视、电影、音乐、游戏，内容始终是少数专业人士做出来的。直到上一个十年，智能手机和移动互联网的出现，第一次把可以随身携带的计算设备交给地球上数以十亿计的人，人们开始用这个小小的玩意儿记录、表达和分享。近年来，智能手机在拍照和摄影功能上不断突破，更让内容创作增添了多姿多彩的光影功能。

　　我们身边开始出现越来越多各种各样的创作者：博主、答主、UP主、主播……他们的创作方式和传统媒体的生产方式全然不同，不再有绿灯委员会、编辑评审等冗长流程，也不需要昂贵的发行和宣传。它甚至不再是一种职业，大量的创作者是带着"斜杠青年"的标签以业余爱好的方式进行创作，他们讲述的是自己的感受和思考，用内容和粉丝交朋友。粉丝这个词也变了意思，它比传统意义上理解的仰视和崇拜更加平等、直接和坦诚。

　　更重要的是，社交的基本需求让每一个人都乐于表达自己，每个人都成了创作者。这一切的发生都是不经意的：每一次节假日，朋友圈都会变成"摄影大赛"现场，如果你没有发布"九宫格"晒一下，很可能无法回应假期之后朋友和同事的问候。

　　我们并不知道，自己是否会在未来的某一天成为拥有万千粉丝的达人、红人、意见领袖，但毫无疑问的是，我们会为自己的朋友圈收获点赞而有些许开心。这些"小确幸"让我们感到被接纳和满足，可能会再次

后记　涌现面前，保持敬畏

分享，尝试不同的方式和朋友们互动，体验这种记录和分享的乐趣。

我们中的一部分人，会坚持下来，把这件事当作日常生活的一部分，建立起自己的创作身份，成为真正的"创作者"。这样的人越来越多，每个人都是从真实的生活记录和分享开始的，这种真实是传统的媒体工业无论如何也无法复制和预料的。

这就是涌现的力量，无数个微小的个体自发组织、互相影响而改变了群体的面貌。创作者的群体，就是这一次涌现的主角。

未来的新可能

回顾过去十年发生的巨大变化，我将从技术、商业、平台三个方面简要概述影响创作者的三个变量，与大家共同期待未来十年即将来临的新可能。

技术：媒介升级，永远向前

过去十年，是移动互联网渗透到全球消费者口袋里的十年。

当史蒂夫·乔布斯从口袋里变戏法一样掏出 iPhone 的那一刻，人类社会走马观花般快速穿越了从 2G 到 5G 的数个世代。手机传输数据的速度提高了 4～5 个数量级。

新浪微博在 2009 年上线的时候，很多人还在使用 2G 和 2.5G 的手机。下载一张小图都要加载半分钟。而微信上线的 2011 年，3G 已经基本普及，当时它最神奇的功能就是长按即可发送语音。

创作者

2013 年年底，工信部向三家电信运营商颁发了 4G 牌照，4G 比 3G 快了 20～30 倍。虽然一开始资费昂贵，但很快就降到非常平民的价格。短视频又成为内容平台竞争的关键。有趣的是，短视频的两大平台快手和抖音并非长视频的简单缩短，而是以竖屏形式为主，以快节奏的音乐、夸张的滤镜和表演，挖掘了数以千万计的普通人加入视频创作的行列中。

技术以越来越快的速度完成进化。它的每一次迭代，我们都会简单地认为它是旧有模式的放大、加速或复合，而技术则一再证明其创造者想象力的匮乏。技术提供了媒介的基础，媒介决定了内容的观感（perception）。2019 年开始商用的 5G 将带来清晰度更高、沉浸感更强、活动性更好的内容体验。这正是新一代媒介进化的方向：观感和现实（reality）难分彼此，"虚拟世界"（metaverse）的大门正在打开。

短视频不是长视频的缩短剪辑，5G 也不是 4G 的高清重制。技术一边揭开新舞台的幕布，一边准备好更低门槛的创作工具，等待着新一代创作者的尽情表演。

未来十年，媒介仍将不断升级，创作者也将不断涌现，而技术就是背后的第一推动力。

平台：创作面前，人人平等

过去十年，创作者的群体发生了很大的变化。从一开始继承现实身份和社会地位的"大 V"，到后来越来越倾向于通过内容创作重新构建的"人设"。

这其中最典型的就是微博。其早期采取了以名人和明星为主打的"大 V"运营推广策略，并且取得了巨大的成功。这个策略一方面让微博的内容吸引力大大提高，打退了当时人人网等以普通社交关系为基础的竞争对手；但另一方面也让普通人在微博上进行内容创作的动力大大减弱。这也和新浪早年经营门户和新闻，具有较强的传统媒体基因有关。

2012年，微信推出了微信公众号平台，允许个人和机构在微信上发布内容。微信的克制设计也体现在这个内容平台上：每天只能发布一条内容，不允许诱导用户关注，限制外链，重视原创，这些设定让微信成为一个优秀的长图文内容平台。但微信内容的传播路径非常少，而且在移动端的创作和互动相对滞后，对个人创作者而言并不算友好，却也收获了一批自媒体的崛起。在我接触过的自媒体人中，很多人并没有很显赫的社会背景，仅仅依靠自己的才华和持续创作，就能在微信上创办一番事业。

知乎上线于2011年初，起初由于封闭邀请制和聚焦创投话题而形成了"精英"的印象。发展十年来，知乎内容具有鲜明的特色，除了"谢邀"这种"社区梗"之外，"知乎高赞"成为一张中文互联网优质内容的通行证。我认为有两个初始设定让知乎区别于其他的内容平台：

1. 问题和回答：问题代表了内容需求，而每一个问题下面不限制回答的数量，但每个人只能回答一条。问答机制帮助创作者选择创作的选题，这实际上是最困扰创作者的问题，同时也给每个人平等的竞争机会。

2. 赞同和反对：知乎允许用户在读完每条回答后通过"赞同"和"反对"按钮来和创作者进行互动。每一次互动，一方面给创作者以鼓励，另一方面也为好内容的传播助力。

创作者

　　这两个设定在知乎发展的过程中基本上没有太大的变化。随着用户规模的扩大，这些机制也许会出现短暂的失灵，但总体上能发挥应有的作用。这些设定实际上是"英雄不问出处"，知乎讲求的"认真你就赢了"，号召了一大群热爱分享的普通用户变成了内容创作者。无须认证加 V，无须绞尽脑汁改标题，只需要认真分享知识、经验和见解，就能获得赞同和关注。据我了解，大量中文互联网的优秀创作者都是在知乎完成了自己的冷启动，后来走向全平台发展的。

　　快手、抖音和 B 站看起来气质各异，但也都秉承了一种更加平等的基本设定。快手的"看见"和 B 站的"后浪"着实是一种精神，两种表达。视频技术的创新让数亿普通人卷入了内容创作的大潮，这是人类历史上前所未有的进步。

　　未来十年，内容创作再也不会回到那个从既有秩序中映射而成的"大 V"宇宙了。内容创作无须获得准入，只需有人"赞同"。

商业：内容连接，重建信任

　　过去十年，人们开始从不同角度重新审视内容对于社会的意义。

　　内容是人类在社交沟通中形成的沉淀。它事实上超越了语言和文字的束缚，而先以绘画、音乐和舞蹈的形式出现在先人的聚落中。历史学家尤瓦尔·赫拉利用了《人类简史》和《未来简史》两本书讲述了人类社会在故事中前进的道理，而诺贝尔经济学奖得主罗伯特·希勒又用《叙事经济学》来提醒我们叙事在经济中的推动力量。近年来，学术界和产业界不约而同地意识到，内容的力量在快速增强，它不再被视为一个风花雪月的产业，而是滋养社会进化的基础和土壤。

这样的觉醒并非偶然，它恰好发生在科技和人文的交叉路口。

科技在不断提高人们工作和生活的效率，让曾经遥不可及的生活方式变得唾手可得。每个人都因此受益，拥有更多的选择，看到更大的世界。文化变得更加多样，每个人都可以找到自己的热爱，并且真正参与其中——不仅仅是以观众的身份，而是加入创作的行列。

科技还连接了每个人，形成了网络效应。这是现代社会中不能忽视的一种神奇的力量：一个网络，加入的人越多，网络中的每个人便都会享受到更好的体验。我们因此有了一个彼此连接的社会网络，它以各种平台的形态，接纳了每一个人越来越多的需求。比如我们熟知的知乎、微信、快手。这些平台看上去彼此独立，但又联系紧密，它们为创作者提供了风格迥异的舞台，让原本孤独的创作变成了一曲波澜壮阔、永不停歇的交响乐。

这场交响乐不是象牙塔的学术辩论或歌剧院里面的曲高和寡，而是发生在每个人每一天的生活中，并且深入到生活的每一个环节。内容给我们娱乐和陪伴，也给我们知识和成长，更成为消费指南和决策依据。在更加广阔的社会网络中，人们从各自的家庭和村落中走出来，面对一个更加丰富而又陌生的世界，既感到兴奋，又怀有无数的问题等待解答。或许，这些问题可以总结为：我们要信任谁。

创作者就是最好的解答。他们已经替代了"媒体"和"专家"，成为诸多消费者更加信任的人。他们善于用内容来解答人们生活中各种各样的问题，而区别于生硬的广告营销，他们更擅长面向自己的粉丝来分享自己的知识、经验和见解。今天，一篇文章，一条视频，一场直播，创作者是真正创造、拥有和传递信任关系的人。他们为内容重新注入了真实感和

创作者

代入感，他们让内容重新拥有了活力和能量，他们让内容成为新的文化符号和品牌，他们让社会网络中，人与人、人与内容、人与商业之间重新建立了长期的信任关系。

未来十年，他们将具有更大的社会影响力和商业价值。

2018 年，我在知乎上发表了一篇题为《涌现面前，保持敬畏》的文章。"涌现"的概念最早出现在哲学讨论中，后来也被广泛应用于物理、生物、宗教、艺术和计算机科学等多个领域。简单来讲，就是一种系统内许多个体互相影响，形成了一个更大的实体，而这个大实体却具备了每一个个体都不具备的特质。

作为一个参与内容平台建设的从业者，这个概念让我深深着迷。"涌现"正是我们在平台上观察到的情况：每一个创作者出于各种原因贡献了他们的智力和创意，在平台机制的作用下，这些创作互相影响，最终产生了意想不到的结果。知乎上线十年来，沉淀了数亿条回答，覆盖了几十万个话题领域。这离不开每一位创作者的辛勤耕耘，而每一位创作者也离不开社区中提问、赞同、关注及难以统计的灵感启发和衷心感谢。这样的涌现，也发生在每一个内容平台的每一个创作者身上。

我在文中写道：

> 每一个新的事物，它最有魅力的时候往往是它的创建者还不知道应该如何利用它的时候。很多时候，发明者所表现出来的对自己发明的克制感，实际上是在复杂性面前的无知、无力和敬畏。

后记 涌现面前，保持敬畏

新十年的技术周期又把我们重新放到一个"涌现"的初始状态上。面对未来的新技术周期，我们都在思考未来十年应该抓住什么机会。也许这样的思考是徒劳的，因为"涌现"之美，就在于其自发性。新一代的创作者将面对更先进的创作工具，时间更充裕也更具个性偏好的受众。尽管我总是说"太阳底下无新事"，而对于内容创作者，我却愿意睁大眼睛，希望能目睹传奇的降临。

在电台打榜盛行的年代，大部分唱片公司并不重视视频内容的制作，而迈克尔·杰克逊和麦当娜横空出世，以独特的视觉表达重新定义了流行音乐。没有人能想到 MTV 能成为二十世纪八十年代的美国年轻人的文化标识，更不会有人想到它会为人类带来如此惊艳的超级巨星。

内容将从一个垂直的产业分类，转变成为支撑其他产业水平的基础设施。创作者也不再是一个职业，而是一种身份，作为一个人参与社会网络的能力属性。

未来十年，我们必须保持敬畏，屏住呼吸，祝他们好运。

附 录

内容行业百年涌现简史

  刚刚过去的二十世纪，世界经历了战乱、崩溃和不断加速的技术革命。回看人类历史的发展进程，二十世纪简直像按下了十倍快进按钮。而在这眼花缭乱的快进中，无数新鲜事物奔涌而来，电灯、汽车、摩天大楼和火箭飞船。人类社会几乎是在一瞬间拥有了全部的现代性，而又似乎在接踵而至的二十一世纪里突然丧失了继续向宇宙深处探索本原的动力。

  对内容行业而言，在这个世纪发生的一切，都几乎是在为其走向大众而准备的洗礼。从电报、电话和广播，到战后快速兴起的电视和互联网，在走入新千年之前，人类已经习惯于享受丰富而快捷的资讯、娱乐、教育等多种内容服务。我们将把这些令人眼花缭乱的变化分成几个阶段，并以涌现的视角来理解它们。我们会看到，技术是推动内容媒介形态

创作者

升级的底层引擎,新的媒介形态会让内容被更多人消费,从而吸引更多人为之创作,涌现出伟大的创作者和作品。

内容如潮水般涌向世界的每一个角落。它的发展经历以下几个主要阶段:

第一,从通信到广播,这个阶段发生在十九至二十世纪交会之际,一直到二战结束。十九世纪末,电话和无线电报被相继发明出来,点对点通信一下子从马奔跑的速度达到了和今天相仿的水平。尽管这两项技术的普及还需要数十年时间,但它们为报业、广播电台,甚至世纪末的有线电视和互联网打下了基础。广播电台是广播电视的前身,而唱片公司则通过广播电台推销唱片。这个阶段内容的主要特征是自上而下的广播,内容创作从单一开始走向多元,大众市场开始发育。在萧条和战乱的交替中,人们得以获取及时的新闻和廉价的娱乐。

第二,从大众到分众,这个阶段发生在二战结束后的六十年代到九十年代。战后经济的繁荣催生了电视的黄金时代。电视首先普及到数以亿计的普通家庭中,而后内容创作开始突破广播电台和好莱坞的局限,新闻、脱口秀、游戏秀、剧集、电影、动画片、纪录片等各种形式接连不断地出现在小荧幕上。这种冲击力惊醒了学术界,让《娱乐至死》和《理解媒介》等最经典的传媒理论研究接连问世。到了八十年代,以 HBO 为代表的有线电视崛起,进一步针对观众的细分需求创作内容。这时内容创作的一大转折,标志着内容创作从稀缺时代的供给驱动转向了富足时代的需求驱动的转变。

第三,从中心到边缘,这个阶段发生在二十世纪末到现在。互联网的普及第一次将世界上数十亿消费者连接起来,连接的成本不断下降,

附录　内容行业百年涌现简史

速率和带宽不断上升。互联网和前代的技术革命另外一个不同之处在于：它把通信和广播之间的区分重新混合起来，变成一种既可以读又可以写的新媒介——它把我们用于个人通话的"手机"变成了一个可以随时分享文字、图片、影像和声音的多用工具，而这个工具的计算能力在本地和云端，又把每个人对内容的处理能力大大增强了。中心化、媒体化的内容创作被分解到无所不在的每个人手中。这时，涌现就在边缘发生了。

回顾这三个阶段的时候，我们会看到每一个阶段中又包含了惊人的相似性。比如：技术最初引入的时候往往是从解决小范围的通信问题开始的，而这个技术后来又被验证更适用于进行大规模的内容广播分发。又比如：每一个阶段都会经历一个多样性爆炸的涌现高潮，最终又会逐步收敛到少部分创作者占据头部的状态上。

但我并不认为这些相似性是一种周期式的简单重复。每一次从局部通信到全域分发，技术升级不断推动内容传播得更快、更远、更清晰，让越来越多的人享受内容带来的便捷和乐趣，也让内容产业具有独特的吸引优秀人才的魅力。而最近二十年的社交媒体一方面让内容传播重新回归了人类社会最初的形态——口耳相传，另一方面又让每个人都至少尝试了一下成为媒体的可能性，尽管这种尝试最终仍然归于少部分人坚持创作，而大部分人选择围观，但全民参与所带来的内容多样性的急剧扩充是前所未见的，而今天更多样的内容平台和它们提供的创作工具也更好地容纳了这些新可能。

归根结底，我认为内容的创作、分发和互动很可能构成了人类社会参与最为广泛的涌现系统，金融和贸易也无法在参与度上与之匹敌。

创作者

这个系统中个体的相互作用、影响和反馈在技术创新的催化下不断涌现出一批又一批伟大的叙事者、娱乐家和理论家。而内容对人类社会行为的影响作用越来越明显，它已经变成了人类社会真正的纽带。我们必须理解，内容到底是如何在过去百年间从少数人阅读的印刷品变成今天的模样的。

从通信到广播：电气革命和广播时代

电话、无线电报和留声机在十九世纪末就已经被发明出来。如同我们之前讲到的一样，发明者往往对自己的发明无力做出最好的预测。这些昂贵技术的普及还要等二十世纪的来临，它们还远远没有超出为贵族和精英服务的范畴。但电话线缆和无线电波的铺设和覆盖在二十世纪发挥了各自的作用。有线或无线，网络终将建立起来，内容的浪潮即将涌现。

虽然爱迪生最初认为留声机的最大用途是让将死之人留下最后的声音，但在它诞生的二十年后，因之而生的唱片行业在1929年的大萧条来临之前已经达到了一个小高峰，当年的唱片销量已经达到两亿张。广播电台则是在无线电报的基础上增加了侦测声音的电子设备以及信号放大的设备。这两种设备在二十世纪初分别由英国人约翰·弗莱明和美国人李·德富雷斯特发明。[1] 在二十世纪二十年代，广播电台的技术已经非常成熟，

---

[1] 参见维基百科中关于"电台广播"的介绍。

附录　内容行业百年涌现简史

大量电台兴起。

电气革命对于内容产业的推波助澜只需要用一个事实就能讲明白。二十世纪初音乐产业的主要载体是乐谱销售，而在当时，一份能销售100份的乐谱就可以称得上很不错了。人们或许听过少数音乐家的名字，但是大部分人只是把它当作一种高贵的爱好。而唱片和电台，只需要很小的花费，就能让普通人也享受音乐带来的惬意和放松，让内容消费进入千千万万的家庭。特别是年轻人，其消费占据了唱片销售量的40%，他们的消费兴趣开始伸向更加动感的爵士音乐。随着唱片、留声机和收音机价格的不断下降，爵士乐取代了古典音乐，成为当时最为流行的音乐流派。可以说，真正意义上的大众音乐（Pop Music）是从这个时代开始的。

内容产业的浪潮涌现开始了。现场演出、乐谱销售的市场规模太小了，只能让极少数音乐家和少数观众欣赏，这些人的口味也决定了音乐创作的类型不大可能有太多变化。今天，我们已经非常理解繁荣而庞大的市场对产业的促进作用。电台和唱片公司成百上千倍地放大了音乐的市场，使之彻底变成了一个人人皆可参与的盛大集市。在接下来的一个世纪中，音乐创作的流派、方法和器材，以及创作者的肤色、国籍和语言发生了翻天覆地的变化。这种变化是爱迪生、弗莱明和德富雷斯特无法预知的，他们开启了内容产业的"潘多拉魔盒"，而后迸发出的一切则由创作者继续推动。

留声机和广播电台的出现使得产业上游出现了一些小规模的混乱。唱片公司、广播电台、现场表演组织者和乐谱发行商们发现了彼此之间微妙的竞争又互补的关系，但显然唱片和广播是真正能够走向大众市场的

创作者

内容产品。唱片公司要求广播电台不得在节目中播放唱片，电台只得请音乐家来播音室现场演奏，而实际上当时唱片的音质很差，这又进一步提升了电台音乐的吸引力。直到后来有唱片公司意识到，电台可以作为一个很好的宣传自己产品的渠道。Capitol[1]是最早意识到电台营销价值的唱片公司，这种早人一步的认知会带来巨大的商业机会，Capitol 很快就从一家小公司变成了美国最重要的唱片公司之一。

电台的发展还带来了一种全新的职业：DJ。他们最早并不受重视，但后来人们发现，他们实际上拥有选择播放什么歌曲的巨大个人权力。仅凭这一点，DJ 开始建立自己的个人品牌，这开始让广播电台的节目带有鲜明的个人风格。第一个因此出名的人名叫 Martin Block（马丁·布洛克），此后的数十年中，全世界各地的电台又涌现出无数深具个人特色的 DJ，甚至达到了 DJ 的名字比电台品牌影响力更大的情况，而电台的经营者则采取各种方式来限制 DJ 的权力——这和今天平台和创作者之间的博弈何其相似。

第二次世界大战以后，数百万退伍军人从欧洲和太平洋战场回到美国本土。他们成家立业，建设家园，带来了战后美国经济欣欣向荣的新气象。美国的唱片销量在 1946 年达到了 3.5 亿张的历史新高，到 1947 年更是涨到了 3.75 亿张。在 1948 年到 1954 年间，约有 1000 家新的唱片公司涌现出来。这些新兴力量规模虽然不大，却异常专注于发掘细分市场。他们往往针对一个地区的音乐风格偏好来挖掘歌手。制作唱片的成本已经非常低廉，销售数千张唱片就能盈利。在那个年代，开一家唱片公司

---

[1] 百代唱片旗下的品牌之一。

附录　内容行业百年涌现简史

绝对是一个好生意。这种景气让音乐创作的多样性大大增加了。

具有全新音乐风格的创作者开始涌现。比如蓝草音乐（Bluegrass）就是从肯塔基州开始流行起来的，由来自坎贝尔斯维尔的 Rich-R-Tone 最早发掘并发行了唱片，获得了最初的成功。爵士乐在战后也发展迅速，Blue Note 和 Atlantic（大西洋唱片）两家唱片公司成功发掘了新的细分流派，并崛起为知名厂牌。这些独立唱片公司对流行音乐造成巨大的影响：一方面发现了很多超级巨星，另一方面也为更多不知名的音乐家提供了维持生计、持续创作的可能性。独立厂牌塑造了二十世纪五十年代百花齐放的音乐内容生态，而主流厂牌则维系着行业的规模和名望。

到了二十世纪五十年代的最后五年，147 首进入过前十排行榜的歌曲中有 101 首是由独立厂牌发行的，也就是将近 70% 的比例。这些厂牌很多后来在经济周期的起伏涨落中被收购整合，但新的独立厂牌又在不断地涌现，为世界发现新的艺术家和他们独特的创作风格。

谈到整合独立厂牌，就不得不提到 CBS。1928 年，William Paley（威廉·佩利）收购了 16 家独立电台，并改名为哥伦比亚广播公司（CBS）。CBS 最初的主要竞争对手就是通用电气旗下的 NBC。由于通用电气起家于家用电器的制造和销售，NBC 拥有更强的渠道优势。Paley 独具内容眼光，一手挖掘、培养和打造了一批 CBS 的内容人才。在他的领导下，CBS 研发出广播连续剧等创新的内容形式。CBS 成为当时向往进入内容行业的年轻人趋之若鹜的地方。十年间 CBS 的收入提升了二十倍，成为全美第一大广播电台网络。而后，CBS 又成功转型为兼具电视和电台业务的广播媒体巨头。

创作者

二十世纪上半叶，是电气革命推动内容走进大众生活的第一个阶段。由于技术条件所限，这种大众化更多是自上而下驱动、中心化的广播式内容。唱片公司和广播电台呈现寡头化的行业格局，而他们也倾向于推销少数头部的明星。当时电台主要以 AM 长波为主，主体的内容形式就是 TOP40 榜单歌曲的反复播放。这种分发权力的中心化反过来影响了内容创作：音乐家被唱片公司要求创作具有"马上可以辨识"的开头和"重复抓住耳朵的桥段"，而 DJ 的个人风格也在这种工业化生产的歌曲之间显得没有那么重要。

但我们仍然看到了涌现的征兆，尽管它还没有更大规模地出现。这是内容创作在接下来的几十年中持续涌现的起跑点。广播时代铺设了无数的线缆和天线，建立了内容产业的价值链条、商业模式、管理流程和相关法规，开拓了从资讯到娱乐等各种内容形态，培养了数以亿计的消费者，为下一次更大规模的涌现做好了准备。

从大众到分众：战后的持续繁荣和分化

进入二十世纪五十至六十年代，电视成为内容行业的中心。美国家庭拥有电视的百分比在十年间从 10% 提升到了 90%。1960 年的肯尼迪与尼克松总统竞选辩论在 CBS 播出，肯尼迪在这次辩论中以"颜"取胜，扭转了竞选局面。三个月后，肯尼迪宣誓就职美利坚合众国第 35 任总统。CBS 在广播电视时代，延续了创始人 Paley 在电台时代的风格，围绕优质内容进行人才挖掘 + 并购整合。CBS 开创的一系列的内容制作手法，包括多机位拍摄、让观众参与演播室的节目摄制等，对电视内容后续的发展影响至今。二十世纪五十年代末，CBS 的广播电视网络的内容通常能够获得收视率前十位置中的绝大多数。

电台的生意并没有完全消失。来自奥马哈的 Todd Storz（托德·施托尔茨）从父亲那里继承了本地电台的生意。他敏感地意识到电视对电台的威胁，利用他熟悉本地广告客户的优势，快速地把节目转向本地化。与广播电视不同，电台的覆盖范围有限，更适合播出本地化的节目内容。Storz 的电台结合了本地新闻、农产品价格、实时交通路况等，中间重复穿插一个歌曲列表。随着 Storz 电台的快速崛起，这些歌曲也成为当地最流行的歌曲。这是电台音乐 TOP40 格式的原型。DJ 的个人品牌很容易在榜单中发掘新晋歌曲，并把它推成热门。TOP40 的格式在随后的几十年中都是电台音乐的主流形式。TOP40 逐渐改变了电台的"广播"性质，而带有更强的个人化色彩。到了二十世纪七十年代，音质更好的 FM 电台快速兴起，FM 的信号覆盖范围更窄，因而比之前的 AM 广播更强调精准和窄众，在内容分类上更细分，针对人群、场景、音乐风格等多个维度来播放内容。FM 还碰上了战后的"婴儿潮"一代年轻人，他们面临着社会转折，具有更强的自我意识，这些时代情绪最终以一大批个人色彩极强的 DJ 和电台的涌现而得到输出。

美国的广播电视市场最终呈现了"三大"局面，这个格局一直持续到二十世纪八十年代。有线电视一开始是以提升广播电视的信号覆盖而诞生的——这就是典型的解决局部通信问题的尝试，可以认为就是简单"转发"广播电视的信号。但很快有人开始尝试利用这个渠道来传输其他内容——局部通信问题变身为内容的分发和传播。HBO、MTV 等电视台从华纳体

创作者

系内出现，而来自美国南方，继承父亲的户外广告公司的 Ted Turner（特德·特纳）则利用卫星转播的方式创办了第一个可以覆盖全美的有线电视台 TBS（Turner Broadcasting Station）和 24 小时不间断播出新闻内容的 CNN。Turner 在关键时刻拿到了有线电视运营巨头 John Malone（约翰·马龙）的投资，后者还支持了包括探索频道等诸多有线电视创业公司的关键发展。Malone 在二十世纪九十年代提出了一个"500 频道"的内容宇宙设想，并且畅想了在电视上可以完成购物、点餐、炒股等多种服务的互动媒体概念，这个概念是对二十世纪末"信息高速公路"设想的最早产业回应。

"500 频道"在今天听起来也许并不是那么酷，这我同意。但 Ted Turner 和 John Malone 的创业故事讲起来却一点不比任何一个硅谷传奇听起来差劲。有线电视网络的运营一方面需要架设线路，以提高覆盖率，另一方面还要提供内容，和"三大"广播电视公司竞争观众。二十世纪八十年代的美国信贷宽松为这些"有线电视牛仔"提供了相对充裕的资本，而支持他们不断下注的长期信念是：消费者想要更好的内容，并且希望能掌控他们对内容的选择。

在这种信念的指引下，有线电视的出现带来了一波内容创新的涌现。和广播电视不同，有线电视内容更加专注于服务特定内容偏好的消费者，商业模式也从单纯的广告插播和赞助模式，转变为付费订阅 + 广告模式。这种更直接面对消费者的付费模式让有线电视的内容更具有针对性和个性化。MTV 专注于流行音乐，探索频道专注于科学、历史和大自然，ESPN 专注于体育赛事，HBO 专注于剧集……这让每一个垂直类型的内容创作都得到了更大的机会，也为观众带来了一批全新的内容创作者。无论是在 MTV 上大放异彩的迈克尔·杰克逊和麦当娜,还是在 ESPN 上重新定义赛事评论的 Bill Simmon(比尔·西门),或者是 HBO 在二十世纪九十年代后期推出的一系列原创剧集的制作班底,都极大地拓展了电视节目内容的边界和高度。

在世纪之交的第一次互联网泡沫中,很多前面提到的有线电视公司被并入了更大的电信和媒体集团——内容产业又一次经历了从分到合的过程。但内容的涌现并没有中止。进入 2000 年后,罗伯特·艾格接任了迪士尼的 CEO,他提出了"高质量的品牌内容"的战略,接连收购了皮克斯、漫威和卢卡斯。这三起收购花费了上百亿美元,在艾格的自传中,他花费了大量的篇幅来回顾这些收购。事实上,花费最多的并不是资本,而是赢得创意人才的心。三起收购让迪士尼重新回到了内容创作的巅峰,这不仅仅是我们表面上看到的 IP 资产,更多的是对创作流程、方法、工具和团队的深入整合。皮克斯和卢卡斯精湛的特效制作技术,漫威独特的以不同人物的支线构造宇宙的故事,为内容创作开创了新的篇章。

战后经济的繁荣是内容产业持续发展的基础,而技术持续迭代让更加细分的内容创作成为可能。制造业的规模经济已经可以支撑美国中产阶级消费者的各种物质需求,而更加个人化的内容消费进一步占据了他们的钱包份额。我们最关心的内容创作已经变得完全现代化,这个时期对内容形态和商业模式的扩充更加剧烈——这正是由更分化的内容创作带来的。人们发现,面向一个更加明确的受众群体而精心打造的内容,更能探索创作的可能性边界。与此同时,影像化的内容把创作者推到了镜头前,从而让他们的样貌和笑容与普通生活更加贴近和亲密。这些人的表演和不经意泄露的私人生活又带来更多的热议。整个世界都是他们的秀场,每个

创作者

人都可能成为他们的粉丝。

从中心到边缘：人人创作的互联网

John Malone 对互动媒体的设想是被美国西海岸的一群技术男以互联网的形态实现的。

互联网最初的应用就是网页浏览和电子邮件。前者是对广播内容的继承，而后者则是一种简便的个人通信工具。这两种基本应用很快就发生了混合：在 2000 年第一次 .com 泡沫崩盘之后，进入了所谓 Web 2.0 时代。相对于 Web 1.0 时代的"只读不写"，Web 2.0 时代的产品往往读写并重，鼓励用户分享个人经历，创作内容。这个变化打开了涌现的真正闸门：人人都是创作者的时代来临了。其中的典型代表就是 2003 年创办的 Facebook、2005 年上线的 YouTube 和 2006 年上线的 Twitter。Facebook 提出了社交网络的概念，允许用户以文字、照片等形式发表个人状态更新；YouTube 则鼓励用户上传视频，最初上传的往往是用数码相机拍摄的家庭录像；Twitter 则把一对一的短信变成了向全世界发布的社交媒体。这些模式的诞生打破了广播和个人通信的分明界限，把二十世纪初的几大发明彻底地搅成一锅粥。

在混乱之中，这一批网站迅速成长，最终成为今日世界的脉搏。很多网站最初的状态更像少数人的个人通信，只是恰巧发布在了这些网站上，进而被分发传播给了更多人消费。个人通信，人人可为，起初的正向反馈激励了更多人投身其中，激发涌现。而后，随着这些网站规模的不断扩大，个人通信的色彩逐渐消退，而其广播媒体的属性逐渐增强。在最近的一篇评论中，Founders Fund[1] 的社区和品牌副总裁 Michael Solana（迈克尔·索拉纳）写道[2]：

> By the late 2010s we were consuming most of our news from Twitter and Facebook. These were not publishers or centralized aggregators. They were places where we talked to our friends.（到 2010 年代末，我们的大部分新闻都是从 Twitter 和 Facebook 上消费的。这些都不是出版商中心化的聚合器，而是我们与朋友交流的地方。）

是的，我们与朋友的交流可能最真实，最深入，最有趣。正是这种个人化的表达，让内容创作迸发了无限的新可能。在此之前，内容创作是中心化的，分发和传播则是从这个中心放射出去的。第一次，内容被社交媒体一夜之间网络化了，内容创作被推向了网络的边缘节点，或者说中心已经消失，处处都是边缘，人人都是中心。

尽管今天互联网的确不像十年前那么去中心化，但内容创作向边缘的扩散已经不可逆转。我们今天所看到的内容远远比上一代多样。不管你认为你看到的内容多么大众，它在今天的内容环境中很可能只是在一个小圈子中传播。很多人认为内容创作者的处境变得更加艰难——如果这

---

[1] 一家风险投资机构。

[2] https://medium.com/@micsolana/jump-23d06adb4cb7。

创作者

种悲观是从传统定义的内容行业的角度来看的话，也许是对的。但内容行业的边界早已扩大到整个人类社会，内容创作者也从编辑部和演播室扩散到了世界的每一个角落。这势必会带来一些混乱，但秩序也会重新建立起来。

　　互联网的确开启了人人创作的时代，但今天的互联网却似乎忘记了它最初人人参与的宣言。这也是为什么我并不认为这场变化已经走到了难以为继的尽头。在个人通信和广播内容之间，互联网的内容平台还在不断推翻自我。每一次媒介升级的过程，都会卷入更多的个人参与，并且从中涌现出新一代明星。2020年初开始的新冠肺炎疫情让直播和视频聊天扩散到了十亿新用户的生活中：在线教育、直播电商、远程办公、云蹦迪、云婚礼……又一次从个人通信的变革开始，我们是不是又会见证一次新的内容创作的涌现？

　　一定会来的。我相信。

致 谢

张宁

这本书本身就是一次创作的旅程，也完全遵循书中讲到的各种创作的基本规律：从我一个人的想法，到产生完整的大纲，不断混剪，形成初稿，获得来自朋友、同事、老师和家人的反馈与鼓励，反复打磨，最终才呈现出现在的样子。

在这个旅程中，我要特别感谢知乎的创始人和 CEO 周源先生的支持，他是一位良师益友型的领导者，兼具长期主义和实干精神，他对内容创作者的思考和实践启发了我的创作。从大纲到初稿，他不仅在百忙中抽空阅读并给出详尽实用的反馈，还特别鼓励我写出自己真实的观点和态度，而不是迎合市场上畅销流行的逻辑。

知乎内容和会员业务的副总裁张荣乐先生促成了本书走向出版的第一步。他是知乎团队中和创作者走得最近的人，在日复一日的工作中，积累了大量一手的案例和洞见，他还

创作者

安排团队帮忙联系了大量典型的创作者，为本书提供了丰富的案例。

在创作过程中，我访谈过多种多样的创作者朋友，还有很多是在日常浏览中看到了他们的创作，这里不一一具名，但由衷感谢你们对我的启发。

知乎出版业务的张娴女士帮助我确定了选题，这让我把杂乱无序的想法收敛到关于内容创作的 8 个关键词上，是选题策划最重要的导演。她带领的知乎出版团队能够同时理解创作和出版的核心理念，使本书的出版得以顺利落地。

博集天卷的老师们让本书得以进入最为专业的出版流程中。毛闽峰先生是行业资深的出版人，和他的每一次探讨，都让我重新发现本书的意义和价值。

知乎市场的负责人来原女士和公共关系事务的负责人秦亚洲先生及他们的团队也提供了极大的支持，在此一并感谢。

最后，我想感谢我的父母、家人、老师和朋友。为了创作这本书，我不得不进入到自己的世界中，必然会有被忽视的联系与关心，为此深感歉疚。

每个人的创作都是他过去生活经验的总和，这本书的每一个字，都因你们而来。